U0875897

职业院校电子商务专业精品系列课程

视觉营销

主　编　潘艳碧　苏艳艳
副主编　黄树棉　张彩意　黄　琛
　　　　黄立高　覃英云

中国财富出版社有限公司

图书在版编目（CIP）数据

视觉营销 / 潘艳碧，苏艳艳主编．— 北京：中国财富出版社有限公司，2021.4（2024.2 重印）

（职业院校电子商务专业精品系列课程）

ISBN 978-7-5047-7408-8

Ⅰ．①视…　Ⅱ．①潘…②苏…　Ⅲ．①网络营销—高等职业教育—教材　Ⅳ．①F713.365.2

中国版本图书馆 CIP 数据核字（2021）第 065232 号

策划编辑　李彩琴　　责任编辑　张红燕　杨白雪　　版权编辑　李　洋
责任印制　梁　凡　　责任校对　孙丽丽　　责任发行　董　倩

出版发行　中国财富出版社有限公司
社　　址　北京市丰台区南四环西路 188 号 5 区 20 楼　　邮政编码　100070
电　　话　010-52227588 转 2098（发行部）　　010-52227588 转 321（总编室）
　　　　　010-52227566（24 小时读者服务）　　010-52227588 转 305（质检部）
网　　址　http://www.cfpress.com.cn　　排　　版　宝蕾元
经　　销　新华书店　　印　　刷　北京九州迅驰传媒文化有限公司
书　　号　ISBN 978-7-5047-7408-8/F·3458
开　　本　787mm×1092mm　1/16　　版　　次　2022 年 8 月第 1 版
印　　张　12　　印　　次　2024 年 2 月第 2 次印刷
字　　数　221 千字　　定　　价　42.00 元

版权所有·侵权必究·印装差错·负责调换

内容摘要

本书以培养学生视觉营销通识为目标，从视觉营销在电子商务行业的应用入手，结合真实运营情景，由浅入深、循序渐进地阐述了电子商务运营过程中视觉营销的相关技能，包括视觉营销概述、品牌视觉、店铺视觉、产品视觉、文案视觉、移动视觉六个部分。

本书采用项目情景式形式编写，以广西独具特色的产品为例，参照电子商务视觉营销工作的基本流程，将视觉营销拆分为六个章节，每个章节理论与实践相结合，并单独设计了与章节内容相关的实训任务，让学生能够边学边练，更好地掌握视觉营销的核心操作技能，为日后走向电子商务企业相关岗位打下坚实基础。

前　言

互联网时代，视觉沟通成为影响网上购物转化率的重要因素，所有信息都需要被“看到”，“看到”是后续一切营销手段的开始，并将贯穿在整个线上营销的过程之中。以视觉作为营销手段来吸引消费行为，这便是“注意力经济”或“眼球经济”。

这种“视觉消费”的现象是当代社会消费的一个重要层面，尤其是在电子商务领域，企业更需要具有视觉营销思维、具备视觉营销技能的新型营销、运营、设计等人才。为满足企业的这一特殊需求，以电子商务专业人才培养方案为基础，整合行业专家观点，开发出以广西特色商品为引导的项目情景式教材，从视觉营销概述、品牌视觉、店铺视觉、产品视觉、文案视觉、移动视觉六个维度，对视觉营销的知识与技能进行拆解，同时融入电子商务行业相关的素养、思政内容，将教学标准中的教学目标细分到每个模块，让学生能够由浅入深、层层递进地掌握视觉营销的核心知识与技能。

本书采用理论与实践一体化的开发思路，以“项目情景引领、项目任务驱动”的模式编写，且每个章节被拆解为任务分解、相关知识两个模块，重点培养学生独立思考、独立操作的能力，提高学生视觉营销的应用能力与创新能力。

本书适用于中、高等职业教育院校所开设的电子商务专业、市场营销专业及相关专业的教学，也可供对电子商务感兴趣的社会人士自学使用，亦可作为相关培训班的教学用书。本书在编写的过程中，参考并汲取了一些专家和学者的成果，在此表示感谢！虽然编写团队对电子商务教育已有一定的积淀，但难免存在一些疏漏之处，敬请专家和读者批评指正，以便在今后的修订中进一步完善。

编　者

2022年1月

前 言

目　录

第一章 视觉营销概述

学习引导

随着生产力的发展，市场规模逐渐扩大，产品同质化现象也越来越严重，这使得传统的以产品质量过硬及好的口碑来获取消费者的方式已远远不能满足企业营销的需求，视觉营销应运而生。企业通过采用图片、视频、标识等视觉元素，对其品牌、产品等进行视觉包装，运用良好的视觉设计成果来完成与消费者的沟通，达成促进产品销售、树立品牌形象的目的。

学习目标

☆知识目标

1. 了解视觉营销的概念与原则；
2. 熟悉视觉营销的工作流程；
3. 认识视觉营销的内容；
4. 认识视觉营销的相关岗位。

☆能力目标

能够清楚阐述出视觉营销包含的内容。

☆思政目标

了解视觉设计类岗位的发展。

项目情景

电子商务对农村生活的影响已经显而易见，近些年全国各地涌现出越来越多的电商村便是很好的证明。在“互联网+”浪潮的驱动下，阿里巴巴、京东、苏宁、拼多多等电商企业开始了更大规模的电商下乡进村。此外，利好的扶持政策密集出台，鼓励物流、仓储、资金和渠道更高效地下沉到农村市场。

张新是一名来自广西的中职学生，为了帮助自己家里的沃柑销售，他决定加入电商大军，平台选好了、店也开好了但是装修店铺的时候犯了难，究竟什么样的风格才适合自己家的沃柑呢？因此他开始了视觉营销的相关学习，并总结了一些心得体会。

模块一　任务分解

任务一　认识视觉营销

一、什么是视觉营销

张新觉得要想让装修好的店铺更吸引人，首先要清楚视觉营销是什么。

（一）视觉营销的概念

视觉营销（Visual Merchandising，VM），属于营销技术的一种，更是一种可视化的视觉体验；指通过视觉达到产品营销或品牌推广的目的。视觉营销就是为了提升客户的视觉感官体验而对店铺装修进行的优化、提升，通过视觉感受来引起消费者的共鸣，以产生对产品深刻的认同感，从而达到营销的目的。视觉是手段，营销为目的。所有视觉效果的实现都是以营销目标为前提。电商视觉营销存在的目的是最大限度地促进店铺产品和服务与消费者之间的联系，最终达成交易。如图 1–1 所示为视觉营销的效果呈现。

（二）视觉营销的原则

在电商销售中，商品是通过网站来呈现的，消费者只能通过视觉来判断商品的好坏、自己是否需要、要不要购买等，网站的视觉效果对消费者的影响非常重大。所以面对竞争激烈的电商市场，要充分利用视觉营销的手段来吸引潜在顾客的关注来刺激消费。通常，我们可以通过运用图片、色彩、文字来进行视觉营销。不过，

图1-1　视觉营销的效果呈现

在吸引他人眼球的情况下也要塑造好网店形象。具体来讲，电商视觉营销要遵循以下三大原则。

原则一：目的性。

网店本身就是虚拟的店铺，吸引消费者购买的兴趣点是根本目的，其中视觉上的冲击是整个环节里面最重要的部分。首先最基本的是图片摆放合理。其次要分析目标消费者群体的需求，针对产品属性和特色用最明确的图片表达出来，让消费者一眼就能看出效果并产生购买的欲望。

原则二：及时性。

要注重视觉感受，店铺设计和产品设计不是一次性设计，即便第一次视觉营销效果比较好，产生了销量，但时间一长，一成不变的视觉设计会让人产生审美疲劳，让人“无心下手”购买，所以一定要在定期的活动中更换店铺布置及产品设计，让消费者每次来都有新鲜感及好的心情。这样更容易形成购买的良性循环。

原则三：实用性。

在视觉营销的实用性上首先要注意视觉应用的统一，不要多风格的视觉装修设计。要巧妙地利用文字或者图片说明让消费者快速熟悉店铺的操作功能和了解产品的结构图，如果和产品线紧密结合的，就一定要注意环环相扣的实用性，不能让同一件商品在多个栏目中出现，这样会让消费者购买起来很不方便，从而影响销售额。

二、视觉营销的工作流程

经过前面的学习，张新对视频营销的概念有了初步了解，为了做好店铺的整体视觉设计和视觉营销，他还需要清楚视觉营销运作流程，为后期准备工作打好基础。具体来说，视觉营销的运作流程可分为四个部分（如图1–2所示），调研、规划、设计、投放。

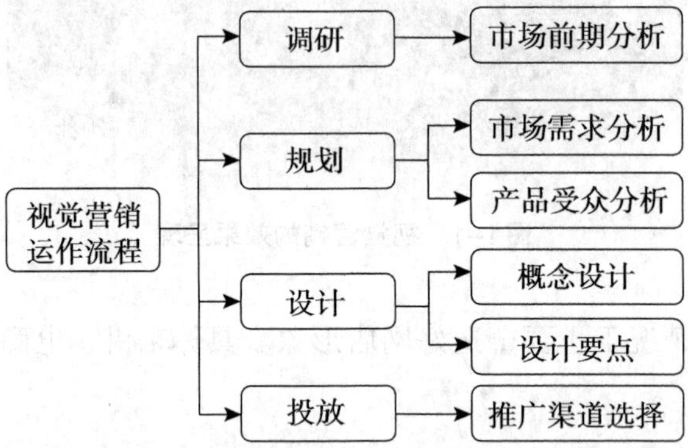

图1–2　视觉营销的运作流程

具体过程如下所示。

第一步：调研。

调研的目的是完成市场前期分析工作。例如，一家鲜果网店要进行一次品牌提升的活动，前期就需要调研自己品牌的知名度；市场占有率；品牌定位；价格档次；消费群体类型、年龄以及性别等内容，调研产品是成品还是定制以及定制周期，调研产品做过什么活动以及活动主题，调研品牌优势及卖点等。

第二步：规划。

在调研过程中确定了市场占比以及消费人群后，需要对市场需求和产品受众进行具体分析。例如，果冻橙，市场上销量较高的产品，其设计显得产品自然、新鲜、可口、安全，其受众大部分都是喜欢原产地高品质水果的中青年消费者，在产品设计以及网页视觉设计时需要突出这些特点并抓住消费者的偏好。

第三步：设计。

设计包括概念设计和设计要点。概念设计是由分析用户需求到生成概念产品的一系列有序的、可组织的、有目标的设计活动，它表现为一个由粗到精、由模糊到清晰、由具体到抽象的不断进化的过程。视觉营销的整个过程，从店铺调性分析到主题规划、主题设计思路延伸、页面构想、产品选择等。设计要点以受众人群为出发点，对画面中包含的元素信息进行合理有序的整合，使其具有强烈的目的性和主观性。

第四步：投放。

选择推广渠道。视觉设计的目的是将信息有效地传达给目标消费者，用户通过点击查看，达成有效交易。而投放的途径有很多种，如短信、线上海报、线下纸媒等。电子商务视觉营销途径大多借助不同平台以付费或免费的方式呈现在消费者眼前。例如，三只松鼠就是通过天猫旗舰店将不同设计图上传至不同页面，用户通过关键词搜索进入目标页。

任务二　视觉营销的内容

任务实施

初步认识了视觉营销后，张新需要进一步了解视觉营销的内容，以明确从事视觉设计岗位需要从哪些维度开展工作。通过咨询相关专业人士，张新了解到视觉营销的内容主要有品牌视觉营销、店铺视觉营销、产品视觉营销、文案视觉营销、移动端视觉营销这五种。

一、品牌视觉营销

当今品牌之间的竞争由过去单纯的价格、品质竞争，转变为品牌、服务、品质等的综合竞争。品牌视觉营销对于品牌的打造、传播具有重要意义，品牌视觉营销通过市场营销的方式，使消费者完成对品牌的认知与认可，使企业品牌在市场竞争中获得一席之地。

常见的品牌视觉营销内容主要有以下几个方面。

（一）品牌Logo营销

品牌Logo（标志）营销通过品牌标识来进行营销，品牌标识是品牌的浓缩符号，通过该符号，消费者能够认识品牌、了解品牌。比如图1-3中，通过“猕小桃”的品牌Logo，能够看出该品牌销售的产品是新鲜的猕猴桃，而且价格相对实惠。

图1–3 “猕小桃”品牌Logo

（二）品牌包装营销

品牌包装营销通过对产品的包装进行视觉设计来完成品牌的推广，加深品牌在消费者心中的印象。如图1–4所示为“猕小桃”的包装设计，除了在包装上设计了猕猴桃产品的图案之外，还添加了“猕小桃”的品牌名称，以此来对产品和品牌进行营销。

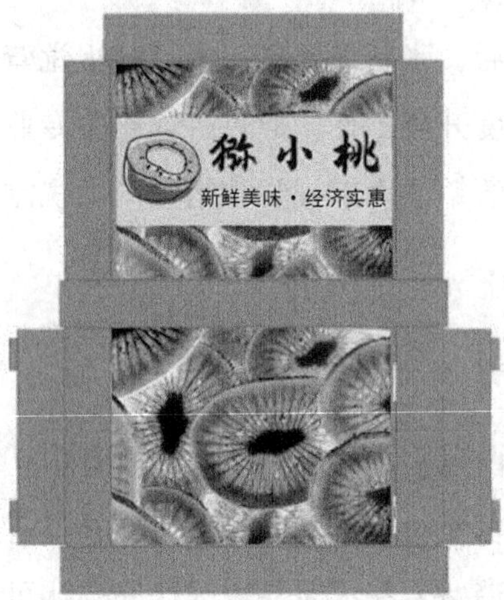

图1–4 “猕小桃”包装设计

（三）品牌广告营销

品牌广告营销是品牌营销最主要的方式，包括媒体广告营销和网络广告营销，媒体广告营销的载体有杂志、报纸等，网络广告营销的方式有店铺广告、互联网广告等。如图1–5所示，为“猕小桃”在视频渠道投放的品牌广告营销，以此来加深消费者对品牌和产品的印象。

图1-5 “猕小桃”品牌广告营销

二、店铺视觉营销

店铺视觉营销的目的在于通过视觉设计，向消费者传达店铺的经营理念、产品类型、产品品质、活动情况等，以此来达成吸引消费者点击、购买的目的，并尽可能多地吸引新消费者，稳住老消费者。

从店铺视觉营销的内容来看，主要有店招视觉营销、导航视觉营销、首页视觉营销、主图视觉营销、活动图视觉营销和详情页视觉营销。

（一）店招视觉营销

店招通常用来展示店铺的名称、特点、产品、品牌等内容，通过店招，消费者能够对店铺形成整体认知，了解其所售卖的产品、对应的品牌等。好的店招视觉效果能够迅速吸引消费者眼球，起到提升网店销售业绩的目标。店招视觉营销示例如图1-6所示。

图1-6 店招视觉营销示例

（二）导航视觉营销

导航通过文字和图片相结合的形式，将网店产品按照类目逐级进行划分，使消费者在进入网店后，能够很快找到自己需要购买的产品入口。良好的导航视觉营销，能够提升消费者的点击量，将其转化到具体的类目与产品中。导航视觉营销示例如图1–7所示。

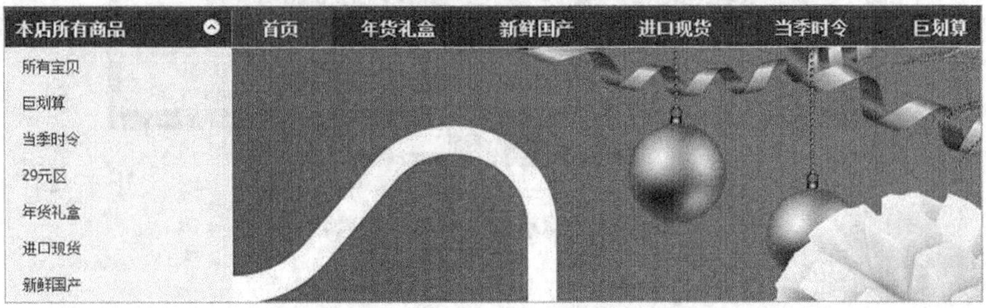

图1–7　导航视觉营销示例

（三）首页视觉营销

首页视觉营销是通过对首页的焦点图、产品展示、产品推荐等进行视觉设计，来吸引消费者点击购买的营销方式。消费者进入店铺的第一个入口通常是首页，因此首页可以说是店铺的门面，代表着店铺的格调与气质，首页良好的视觉设计，能够引起消费者继续点击的兴趣。

（四）主图视觉营销

主图是消费者在搜索产品后第一眼看到的产品图片，代表着消费者对产品的第一印象，主图的效果好坏很大程度上会影响消费者对产品的兴趣，通过产品主图进行视觉营销，效果好的话，能够为网店带来更多的成交量，也能间接节省网店的推广成本。主图视觉营销示例如图1–8所示。

（五）活动图视觉营销

活动图视觉营销包括两部分内容，活动视觉营销和促销视觉营销。活动视觉营销，如淘宝平台的直通车、淘宝客等；促销视觉营销，如网店的店庆活动、清仓活动等。活动图视觉营销是店铺视觉营销的重要组成部分，是为店铺引流的关键视觉效果，好的活动图能够为店铺带来大量流量，相反，如果活动图视觉效果太差，那引流效果就会变差。活动图视觉营销示例如图1–9所示。

图1–8　主图视觉营销示例

图1–9　活动图视觉营销示例

（六）详情页视觉营销

详情页是用来展示产品特性的主要页面，在详情页上一般会出现产品介绍、产品卖点等内容。消费者在对产品产生一定兴趣后，通常会打开详情页了解产品相关细节，因此详情页视觉呈现效果好会大大增加消费者购买的概率。详情页视觉营销示例如图1-10所示。

图1-10 详情页视觉营销示例（部分详情页）

三、产品视觉营销

产品视觉营销是通过对产品进行视觉包装，将其展现在消费者面前的营销方式。通过产品视觉营销，能够提升消费者对产品的兴趣与关注度，是电子商务企业视觉营销手段的重要组成部分。

产品视觉营销对电子商务企业的重要性体现在，在线上交易时，消费者无法实际看到产品，其对产品的了解完全依赖于产品视觉营销的内容，因此商家需要通过产品视觉图或视频来向消费者全方位地展示产品卖点。

几乎在视觉设计的各个方面，都会涉及产品的设计，那么在做产品视觉营销时，需要如何凸显产品呢?

首先，产品视觉营销可以采取有趣的呈现方式，比如在配色设置或产品搭配上，做到趣味与美感并存；其次，产品视觉呈现可以适当留白，过分拥挤的构图会让人觉得压抑，适当的留白既能凸显产品又有一定的“呼吸空间”；再次，产品视觉设计可以凸显产品风格，结合产品特点设计适合产品定位的配色与构图，比如想体现出沉稳大气的感觉就用深色作为产品图的主色；最后，产品视觉设计要具有特点和个性，要区别于同类产品并凸显产品自身的特色与卖点。如图1-11所示为产品视觉营销示例，采用了图片中间部分留白的方式，让蓝莓果和“广西蓝莓”文字能够突出显示。

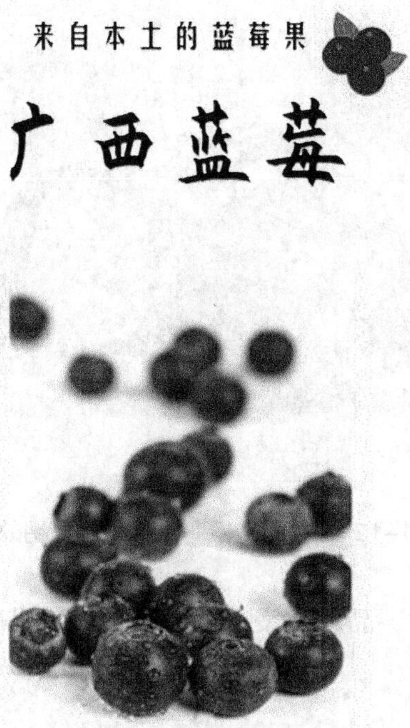

图1-11　产品视觉营销示例（留白）

四、文案视觉营销

随着产品增多，市场同类产品竞争加剧，产品间的差异逐渐缩小，这时候除了单纯靠营销产品来获取消费者已经远远不够，还需要增加文案，通过文案视觉呈现来点明产品卖点，将产品理念、信息等传达给消费者，使消费者产生共鸣，从而达成购买。如图1-12所示，是“实建褚橙”的文案视觉营销效果，从该图中能够看到褚橙的卖点是“甜而不腻、细腻清爽、口感清甜”等，也能够看到实建褚橙的产品理念是“唯有时间，让岁月见证品质，唯有品质，让实建固守时间”等，在文案视觉设计时，将文字的字体、颜色等与画面进行了很好融合，以达到吸引消费者注意的目的。

扫码可见
高清彩色图片

图1-12 “实建褚橙”文案视觉营销效果

文案的类型主要有4种，品牌文案、营销文案、产品文案、活动文案。

（一）品牌文案

品牌文案主要包含品牌名称、品牌信念、品牌故事，品牌名称是固定的，但需要进行视觉设计；品牌信念的形式可以是理念使命、口号或者广告语，也可以是一个定位；品牌故事是用来阐述品牌的来历、背后人物故事等的文案，用来引起消费者共鸣，加深消费者对品牌的印象。

（二）营销文案

营销文案是对营销推广进行的文案设计，不同的营销形式，其对应的文案写法便不同，比如在微博上进行营销，其配套的文案可以是一小段话，也可以是一篇营销文章。

（三）产品文案

产品文案是针对产品设计的文案内容，因为一张好的产品宣传图或一段好的产品宣传视频，除了图片或视频中的产品之外，设计用心的文案对于突出产品卖点、理念等同样至关重要，好的产品文案视觉效果，能够激发消费者购买产品的欲望。

（四）活动文案

活动文案是在企业开展活动时设计的文案内容，也叫活动策划书，是围绕所开展的活动，设定有创意的运作流程，整合各种资源，制订可实施的优质活动方案。很多时候，活动文案会对外展示给消费者，号召消费者参与活动，因此在视觉设计上，活动文案的字体设计就显得格外重要。

五、移动端视觉营销

移动端视觉营销是对移动端店铺等进行营销内容的设计，就目前而言，消费者从移动端进行购物的比例更大，因此移动端视觉营销在整个营销体系中就显得格外重要。

与PC（Personal Computer，个人计算机）端视觉营销相比，移动端在进行视觉营销时，视觉设计的方案会有很大不同，比如在进行移动端店铺的首页设计时，PC端是横向视图，移动端是纵向视图，所以在设计模块配置、图片尺寸、图片内容规划、字体大小时，两者设计规则是截然不同的，如图1-13所示。

图1-13　移动端与PC端首页视觉效果（左图为移动端，右图为PC端）

从移动端视觉营销内容来看，其与PC端是大致相同的，包括店招视觉营销、导航视觉营销、首页视觉营销、主图视觉营销、活动图视觉营销和详情页视觉营销，只是在就具体视觉效果设计时，需要区别于PC端进行设计，在设计每个版块的营销内容时，要充分考虑设计的目的性、审美性、统一性、实用性和易用性，最终设计出符合客户审美及点击习惯的视觉成果。

任务三　视觉营销的岗位认知

一、视觉设计岗位介绍

（一）电商视觉设计师

电商视觉设计师是指负责网店整体形象设计、视觉规划和设计、产品后期图片的处理和排版、产品上下架等相关工作的人员。

电商视觉设计师要能够对平台店铺整体形象进行创意设计，把握整体风格和视觉呈现，提升店铺的视觉效果，同时能够独立完成店铺大型活动页面设计相关工作，例如，负责企业店铺的活动页面、推广图、网站banner（横幅）、商品详情图及主题活动等的创意设计制作。可以分析并结合产品卖点和消费者需求，制作详情描述、主图等，并配合运营人员，保证落地时效和质量。可以根据店铺后台数据对产品主图和详情图进行优化更新，提升销售和消费者体验。现在很多店铺不是单一的平台推广，所以设计师还要完成新媒体平台账号的详情设计和广告、封面等系列设计工作。

（二）网页视觉设计师

网页视觉设计师是指负责网站界面设计、编辑、美化、改版、更新的工作人员。网页视觉设计师还要与网站开发人员配合完成网站前端页面的设计与编辑，完成前端页面的开发与制作。网页如同门面，小到个人主页，大到大公司、大的政府部门以及国际组织等的网页都需要用心设计。当点击网站时，首先映入眼帘的是该网页的界面设计，如内容的介绍、按钮的摆放、文字的组合、色彩的应用、使用的引导等。

（三）平面视觉设计师

平面视觉设计师是指主要负责对企业及其产品形象进行整体规划、设计以及做好后期处理和维护的工作人员。平面视觉设计师的工作具体包括对企业商标、旗帜、广告语、产品包装、服装、信笺、展会布置、策划以及公司的一些日常宣传设计与制作等。平面设计工作是一个主观认定性强的创意工作，大部分的平面视觉设计师是通过不断的自我学习来提升设计能力的。比如，平时就要多注意各式各样的文宣品、杂志、书籍等的设计手法并加以收集，或是上网浏览其他设计师的作品，以激发自己的设计灵感。除此以外，平面视觉设计师对文字也要有一定的素养。因此，平时可以广泛阅读，以扩大自身的知识领域及提高文字敏感度。

二、视觉设计职业素养

（一）乐观、积极

乐观的态度是持续做好视觉设计的动力之源，设计不是一次就能完成的，好的作品都是在反复修改中诞生，积极的心态才会产生好的设计。

（二）能坚持

视觉设计中的很多工作细小且零乱。在面对量大且复杂度较高的工作时，能坚持、能克服困难十分重要。

（三）有团队意识

视觉设计人员在高度沟通和活跃氛围的环境下才能迅速成长。因为优秀的创意很少是一个人闷着头就能想出来的，一般都是需要团队一起头脑风暴的。设计师是树苗，团队是沃土，养分的全面和互换，非常重要。

（四）善解人意

在日常的工作中会出现因为意见不统一而产生争论的情况，在沟通的过程中要善于理解对方的意图，站在对方的角度换位思考，减少沟通障碍，让工作可以顺畅进行。

（五）丰富的想象力

视觉设计不是简单模仿，创新才是核心工作。丰富的想象力是进行创新工作的前提。视觉设计人员要通过多看、多想、多交流的方式来提升自己的想象力。

（六）广泛阅读

广泛阅读可以帮助设计人员学习更多知识；拓展设计思路；开阔眼界以及更快地接受新思维、新变化、新知识、新创意，最终目的就是可以设计出消费者接受度更高的产品。

课程思政

目前，视觉设计师大致经历了两个时代：纸媒时代、互联网时代。

最早的视觉设计师出现在纸媒时代，在当时，平面设计师非常热门，因为有大量的书籍、海报、包装等等着视觉设计师来“施展拳脚”。

到互联网时代，是网页设计师的时代，主要是对品牌的建设和宣传。视觉设计师从原来的单纯在纸媒上进行视觉设计，发展为现在的在纸媒、互联网上进行整合视觉设计，从PC端的视觉设计，过渡为PC端和移动端的视觉设计，视觉设计丰富的载体形式，对视觉设计师的岗位提出了更高、更多的从业要求。比如在纸媒时代，视觉设计师只要能够实现插图制作、图片排版等即可；但在互联网时代，视觉设计师除了掌握PC端的构图与设计、视频构图与设计等能力外，设计师们还需要掌握移动端构图、设计的能力。

从工具上来看，现在的视觉设计工具多种多样，比如Photoshop软件、Adobe Illustrator软件等，视觉设计师从业的基本技能，就需要包括能够熟练使用这些作图工具。

另外，伴随着人工智能的到来，未来的视觉设计师可能需要设计的更多的是人工智能终端，比如家电、人工智能产品等。可见，视觉设计岗位会随着科技的发展、时代的变迁而提出不同的岗位要求，视觉设计师们需要具备持续学习的能力与毅力，才能跟得上时代对视觉设计师提出的要求。

模块二　相关知识

一、视觉营销的作用

从某种意义上来看，网店销售产品其实是在销售产品图片。再好的产品和服务，如果没有好的呈现，就会出现门庭冷落的情况。而普通的产品通过有效的视觉表达，也可以吸引买家，成为爆款。销售额的公式如下所示：

销售额=流量（访客数）×转化率×客单价

视觉营销的三大作用如下。

作用一：提高流量。

好的视觉广告图能吸引消费者的眼球，这就是为什么直通车、钻展的点击率数据具有优势的原因。

作用二：提高转化率。

好的产品详情页设计可以留住消费者，让消费者认真浏览，点击购买，作用非同小可。

作用三：提高客单价。

好的视觉营销店铺，其路径的设计、店内广告以及详情页上的关联营销设计等，都是为提高客单价而创造出的机会。

最后，好的视觉效果也会给消费者更多的信任感，让人记住，让人流连，提高消费者的回头率并对店铺的品牌提升奠定了基础。

二、做好视觉营销的四要素

视觉营销对品牌宣传、产品销售如此重要，那么如何做好视觉营销，做到视觉呈现效果“优人一步”呢?

（一）时间要素

互联网发展速度非常快，信息更新速度也非常快，这意味着信息获得越早越能够占据先机。

比如服装电商企业，如果企业能够更早地拿到流行元素设计信息，抓紧设计、生产产品并投入市场，那么与其产品相关的视觉营销图、视频、文案等就能先于同行发布到市场上，在抓住消费者眼球方面优人一步。

（二）信息要素

信息可以理解为文案和图片所要传达给消费者的内容，信息如果传达到位，那么营销效果一定不会差。因此，视觉营销人员需要思考的就是如何利用图片和文字来准确、直观、快速地传达企业和产品信息。

如何将信息有效传达给消费者，达成与消费者的良性沟通呢？就需要在有限的视觉版面中简明扼要地交代清楚想要传达的核心信息，比如想要传达的信息是“低价”，那在视觉呈现中的文案部分就要标明“促销”“打折”等字样。

（三）审美要素

既然是视觉营销，在视觉效果上给人的感觉一定是美的，不同的消费者群体对美的理解是不一样的，因此企业在做视觉营销时，需要考察目标消费者的审美偏好，依据其偏好设计相应的视觉呈现内容。

（四）细节要素

视觉营销需要把握细节，比如颜色的配置，就视觉呈现来说，颜色是最能直观展示视觉效果的部分，颜色的选择、搭配，能够直接影响视觉呈现效果，如果颜色搭配得很差，消费者在第一眼看到后，就大概率不会产生继续看下去的欲望，也就无从谈起达成与消费者的沟通。

第二章　品牌视觉

学习引导

视觉是品牌重要的组成因素，好的视觉效果能够为品牌带来更多的关注和用户。随着消费者审美的变迁，新生代用户的加入，品牌视觉设计的需求逐渐改变，许多传统企业一改往日品牌设计的风格，转变为更贴合时下消费者偏好、更年轻化的设计，一些农特产品也在不断寻求品牌视觉设计上的创新，以打造别具一格且为用户喜爱的品牌视觉呈现效果。

学习目标

☆知识目标

1. 了解品牌视觉的概念与构成；
2. 明确品牌视觉的作用；
3. 认识品牌视觉VI标准体系及其重要性；
4. 了解品牌视觉设计的概念与设计的标准；
5. 熟悉品牌视觉设计的基本流程与方法。

☆能力目标

掌握品牌视觉设计的能力。

☆思政目标

认识中国知名品牌华为的品牌视觉理念。

项目情景

一直以来，农产品鲜少给人以高端的印象，因此当下农业从业者需要做的工作之一是重新塑造农产品品牌形象，打造全新的、更能吸引消费者目光的品牌视觉呈现无疑是有效方法之一。李丹新入职了一家武鸣当地的沃柑销售企业，从事视觉设计专员岗位，近期企业计划将旗下的产品“沃柑”打造成独立的品牌，领导安排李丹配合其他同事共同完成此次“沃柑”品牌的视觉设计。

模块一　任务分解

任务一　认识品牌视觉

一、什么是品牌视觉

为了更好地完成此次品牌视觉设计工作，李丹就品牌视觉的知识内容展开了学习，首先他需要了解什么是品牌。

（一）什么是品牌

了解品牌视觉之前，首先要知道什么是品牌，品牌是消费者对某个企业及其产品、服务、文化等的评价与认知，承担着消费者对企业的信任。当企业在创建品牌时，需要不断向突出产品开发优势、质量优势、文化创新优势等高级别转化，而所创品牌被市场用户接受后，品牌会给企业带来市场价值，可以说品牌是企业面向市场的“符号”，是企业产品综合品质的体现和代表，它通过企业在产品上添加标志等方式实现。比如“褚橙”，当人们看到褚橙的Logo符号（如图2–1所示）或提到褚

图2–1　“褚橙”品牌Logo

橙时，就会联想到其品牌创始人褚时健，进而联想到其励志、奋进的精神；同时，就产品层面能够联想到“冰糖橙”“甜”“皮薄”等关键词，这些品牌联想，无疑能为企业及其产品带来更大的利润空间。

（二）什么是品牌视觉

了解了什么是品牌后，李丹开始收集关于“品牌视觉”的信息，以明确什么是品牌视觉，通过信息收集与整理，她了解到的品牌视觉相关内容如下。

品牌视觉是品牌理念的可视化，通过品牌名称、标志、标准字体、标准色彩等视觉要素在各种视觉载体上的应用，并对各种载体进行创意设计，将品牌理念、企业文化、企业服务、企业规范、企业产品等抽象的语意转化为视觉符号，以视觉的方式传达给消费者，它是品牌向消费者输送和传播信息的有效方式，能够有效塑造独特的企业对外形象。

品牌是消费者可以直观接触的企业展示形象，消费者在获取信息时，最初的信息就来自品牌视觉，消费者会通过品牌视觉效果对企业、产品等形成初步认知，因此品牌视觉设计对于企业来说格外重要。通过品牌视觉，可以实现消费者与企业之间的沟通，让品牌在消费者心中留下印象。比如图2-2，是广西水果品牌“桂果”的品牌视觉设计，从视觉呈现上来看，其能给消费者留下健康、阳光、广西水果（柑橘、火龙果、百香果）等关键印象，其中“桂”字取自广西的简称。

图2–2　桂果品牌视觉设计

二、品牌视觉的构成

了解品牌视觉的概念后，李丹接下来需要了解品牌视觉的构成，以明确品牌视觉的组成内容。

就电子商务企业而言，品牌视觉的构成内容主要有四个部分，分别是：品牌基础视觉、品牌产品视觉、品牌广告宣传视觉、品牌网络传播视觉。

（一）品牌基础视觉

品牌基础视觉是围绕品牌对外视觉标志进行设计，包括品牌名称、品牌字体、品牌颜色等。如图2–3所示为品牌“糖橙”的品牌基础视觉示例，品牌字体为艺术体，品牌颜色为橙色，与产品橙子的颜色相近，同时在图中也加入绿色的叶子做点缀。

扫码可见
高清彩色图片

图2–3　品牌基础视觉示例

（二）品牌产品视觉

品牌产品视觉是针对品牌旗下的产品展开的视觉元素设计，包括产品外观视觉、产品包装视觉、产品说明书视觉、产品附赠卡片设计等。如图2–4所示为某百

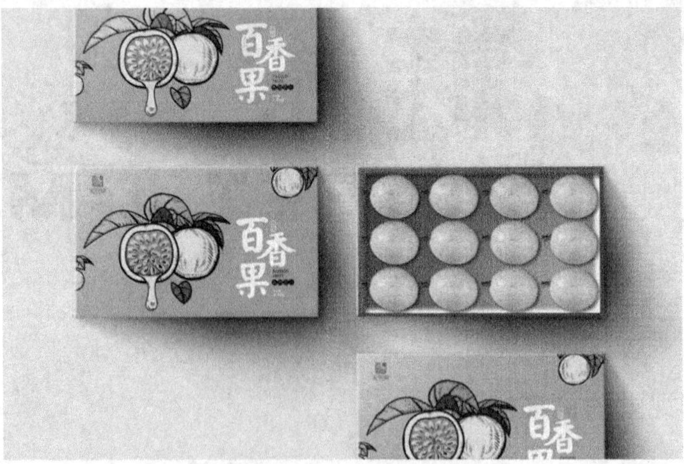

扫码可见
高清彩色图片

图2–4　品牌产品视觉示例（产品外包装）

香果品牌为其产品设计的一款外包装盒，盒子整体色调以橙黄色调为主，同时在外包装盒的左上角加入了品牌Logo。

（三）品牌广告宣传视觉

品牌广告宣传视觉包括对各类视觉媒体上进行宣传的品牌或产品进行视觉设计，常见的视觉媒体广告有纸媒广告、电视广告、户外广告等。如图2-5所示为某款橙子产品在腾讯视频投放的宣传广告，其视觉设计整体采用白背景，以凸显橙子的鲜美。

图2-5　品牌广告宣传视觉示例（视频媒体宣传）

（四）品牌网络传播视觉

品牌网络传播视觉包括两部分内容，品牌网站视觉和品牌网络广告视觉，其中品牌网站视觉是品牌在互联网上注册的网站的视觉呈现，品牌网络广告视觉是品牌在网络上宣传品牌和产品的视觉呈现。如图2-6所示，为某品牌制作的杧果微信端宣传海报，可以看到在视觉呈现上该海报采用了杧果的果色黄色、叶子的绿色和白色背景进行配色组合，来凸显杧果的原色和鲜美。

扫码可见
高清彩色图片

图2-6　品牌网络传播视觉示例

三、品牌视觉的作用

经过前面内容的学习，李丹对品牌视觉的概念与构成有了初步了解，为了了解做品牌视觉的意义，她还需要了解品牌视觉的作用。

品牌视觉的作用主要体现在以下几点。

（一）打造企业品牌定位

品牌视觉在一定程度上能够向消费者展示企业的文化理念，通过品牌视觉，消费者能够了解企业的文化内核。消费者通过不同的品牌视觉能够解读出差异化的品牌定位，深化其对品牌的认知与理解，这也意味着在做品牌视觉设计时，需要将品牌符号与企业定位相关联，向消费者精准地展示企业的特征，加深消费者对企业品牌定位的记忆。比如图2-7中，通过奇异果品牌“佳沛”的品牌视觉，通过“佳沛”的品牌视觉我们能够直观地看到其品牌定位是天然奇异果，品牌名称“Zespri”是通过电脑排列组合创造的新名词，因为通过市场调研，发现对大多数消费者来说，奇异果代表着“充满活力、精力充沛、健康、营养”“外表丑陋，滋味却美妙”，因此企业将这些需求输入程序后，创造出了“Zespri”这个全新的名称。

图2-7　“佳沛”品牌视觉

（二）宣传企业品牌

品牌视觉的另一个作用体现在宣传企业品牌。通过将品牌或产品经营理念、品牌文化以及精神内涵符号化，来向消费者展示完整的品牌视觉形象，并就该形象展开传播，以独特的品牌视觉来吸引消费者关注，提升品牌知名度。

（三）提升企业市场竞争力

企业的竞争是品牌的竞争，品牌竞争的关键因素之一是品牌形象设计，企业要想在市场竞争中占据更有利的地位或者拥有一席之地，打造自己的品牌并扩大品牌影响是较好的选择。要进行品牌规划就需要进行品牌设计，通过符号化的信息来刺激消费者，让消费者认同品牌并愿意为品牌买单。如图2-8所示，为品牌“佳沛”2018年整年的市场份额占比图，从图中可以看出，2018年6月其销量和市场份额达到顶峰，在众多的猕猴桃卖家和企业中市场份额占比在35%以上，如此强劲的市场竞争能力，与其一直重视品牌视觉的打造和宣传有很大的关系。

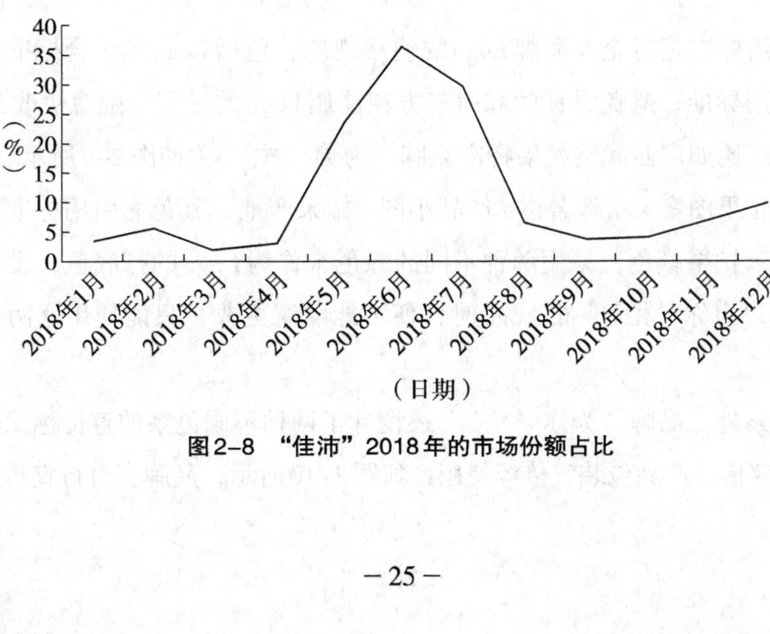

图2-8　“佳沛”2018年的市场份额占比

（四）强化品牌运作

品牌视觉在设计完成后不是一成不变的，而是需要不断地进行优化，以满足消费者的审美偏好。好的品牌视觉能够提升企业员工的自豪感和认同感，提升团队整体的凝聚力，比如在知名品牌企业工作的员工普遍来说自豪感高于在不知名企业工作的员工。

（五）提高消费者忠诚度

随着时代的演进，现代人越来越注重生活品质，品牌设计就是一个企业或产品在外打造的品质层级，行业中比较出名的品牌都是经受过市场考验、被消费者接受的品牌，消费者对这些品牌具有一定程度的信任感，容易培养一批忠诚的消费者持续购买和使用该品牌的产品。

好的品牌视觉能够减少消费者群体的流失，为了将企业品牌与市场上同类企业品牌区别开，需要长期利用品牌视觉对品牌进行宣传，让消费者在潜移默化中认定和跟随品牌，有效减少消费者流失，提升消费者忠诚度。

任务二　制定品牌视觉的VI标准体系

一、品牌视觉的VI标准体系

（一）标识使用标准

标识使用标准是对企业品牌Logo的使用规范，包括Logo的组合标准、展示标准和色彩应用标准，避免设计师和第三方在使用Logo的过程中随意更改Logo的内容与组合等。比如广西武鸣杧果特产品牌“为你‘杧’”（如图2-9所示），其Logo组合标准为杧果图案+品牌名称+产品小图+杧果产地；其色彩引用标准为采用杧果同色来展示杧果颜色，采用两种不同的绿色来作为Logo的打底色，设计师或第三方在使用“为你‘杧’”的Logo时，便不能随意更改，只能使用这两个色系的原图Logo。

除了Logo外，品牌“为你‘杧’”还设计了两种不同色系的宣传标识，用来作为品牌推广宣传、产品包装宣传等使用，如图2-10所示，品牌在自行宣传或委托第

扫码可见
高清彩色图片

图2-9　广西武鸣杧果特产品牌“为你‘杧’”两种色系的Logo

三方进行宣传时，除了使用图2-9中的Logo外，在标识方面还能使用图2-9中的内容，需要注意的是，宣传时标识内容，包括标识中的颜色、内容位置、字体等，同样不能擅自更改。

扫码可见
高清彩色图片

图2-10　广西武鸣杧果特产品牌“为你‘杧’”两种色系的宣传标识

（二）色彩使用标准

色彩使用标准的目的是统一品牌视觉的色调，主要用来规范品牌视觉的主色调和辅助色调，以便视觉设计师能够选取规定范围内的颜色合理进行颜色配置。如图2-11所示，“为你‘杧’”品牌视觉的主色调为“牛油果绿+浅绿+橙黄+黄色”，辅助色为“红色+白色+棕绿色”，其主色调用来设置大面积的背景和产品，辅助色调用来设置小图细节和文字。

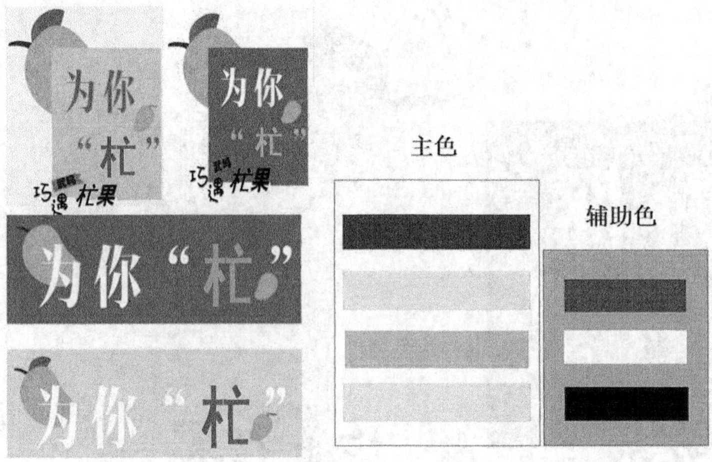

扫码可见
高清彩色图片

图2-11 “为你‘杧’”品牌视觉色调使用标准

（三）字体使用标准

字体使用标准用来规范品牌视觉中涉及的所有文字要用到的字体，其作用是规范品牌字体视觉统一，为品牌带来更深刻的文字性视觉记忆。如图2-12所示为“为你‘杧’”品牌视觉关于Logo中字体的设置要求，其要求涉及Logo的文字均采用图中设计好的字体。

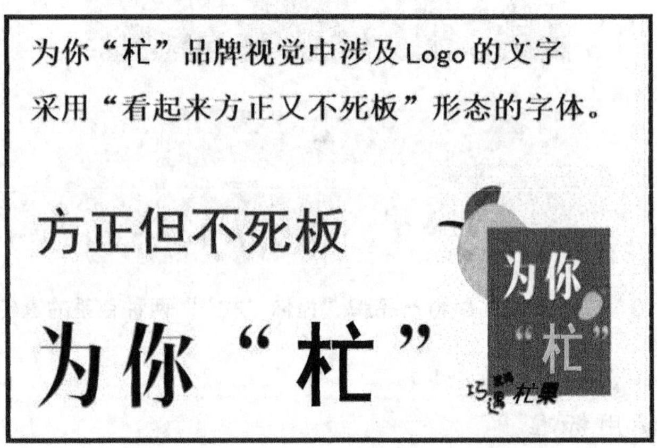

图2-12 “为你‘杧’”品牌视觉关于Logo中字体的设置要求

（四）品牌店铺视觉设计标准

电子商务品牌旗下必然会涉及品牌店铺，比如品牌网店会涉及网店框架设计标准，用来规范网店整体架构的设计规范，导航设计标准用来规范网店的导航设计规范等。如图2–13所示，是“为你‘杧’”品牌在设置规范的规定下制作的网店首页视觉效果。

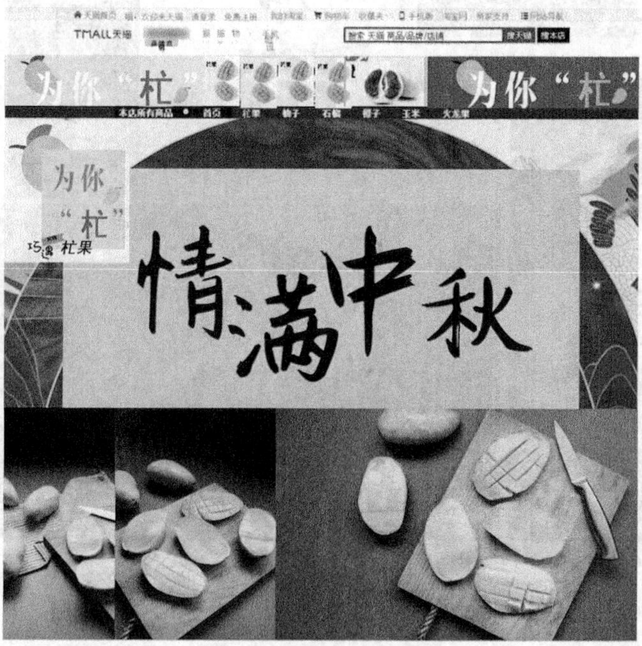

图2–13　“为你‘杧’”品牌店铺首页视觉设计样例

（五）品牌推广视觉设计标准

在对品牌进行推广的过程中，无论采用什么样的推广渠道，都会涉及大量的视觉设计需求，推广视觉设计标准就是推广时采用的视觉规范。统一的规范能够引起客户的注意，并加深客户对品牌的印象和联想。如图2–14所示为“为你‘杧’”品牌设计的系列品牌推广设计图，图中配色稳重大气，采用有商务感的底色衬托杧果的金黄的颜色，高端中透露新鲜，可见品牌在此次推广中的设计方向是“高端”，设计师在设计品牌图时，就需要围绕“高端”这个关键词展开工作。

（六）品牌标识应用标准

品牌标识不可以随意乱用，要在一定规定范围内合理使用，以保证标识使用的统一性。如图2–15所示为“为你‘杧’”品牌对其包装品牌标识使用位置的要求示例：在包装正面左上角、包装左右两翼下侧正中间添加品牌标识，那么设计师在设计包装后添加标识时，就必须按照这个规定进行设计。

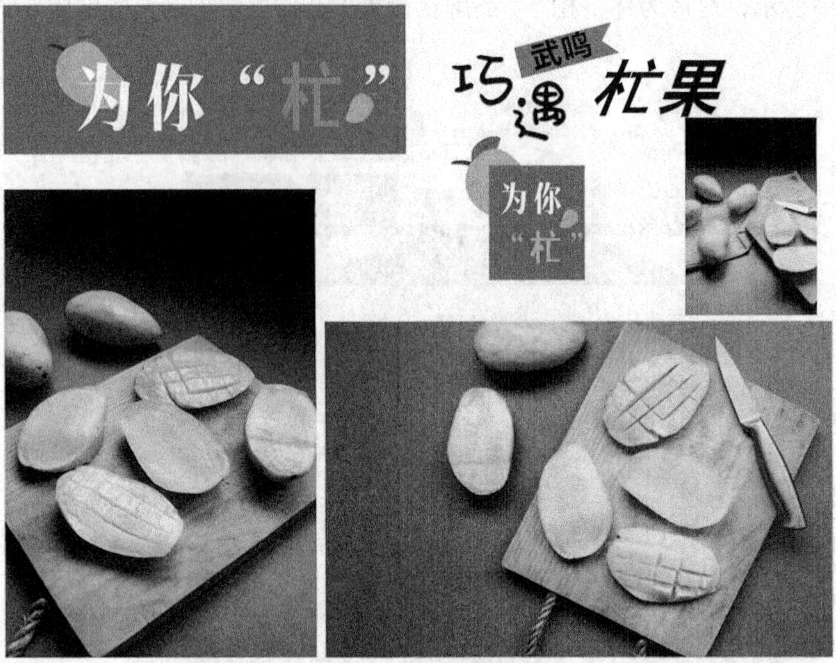

扫码可见
高清彩色图片

图2-14 "为你'杧'"品牌系列品牌推广设计

图2-15 "为你'杧'"品牌标识使用位置要求示例（产品包装）

（七）品牌拍摄标准

整齐规范的拍摄标准有助于打造品牌的整体风格或品牌产品的系列风格，如用杂乱无序的图片拼凑出来会显得很混乱，无法让消费者对品牌形成整体性认知（如

图2-16所示）。因此需要提前制定好品牌的拍摄标准，规范拍摄风格、色调、场景等，来打造统一的、色调一致的品牌视觉效果。

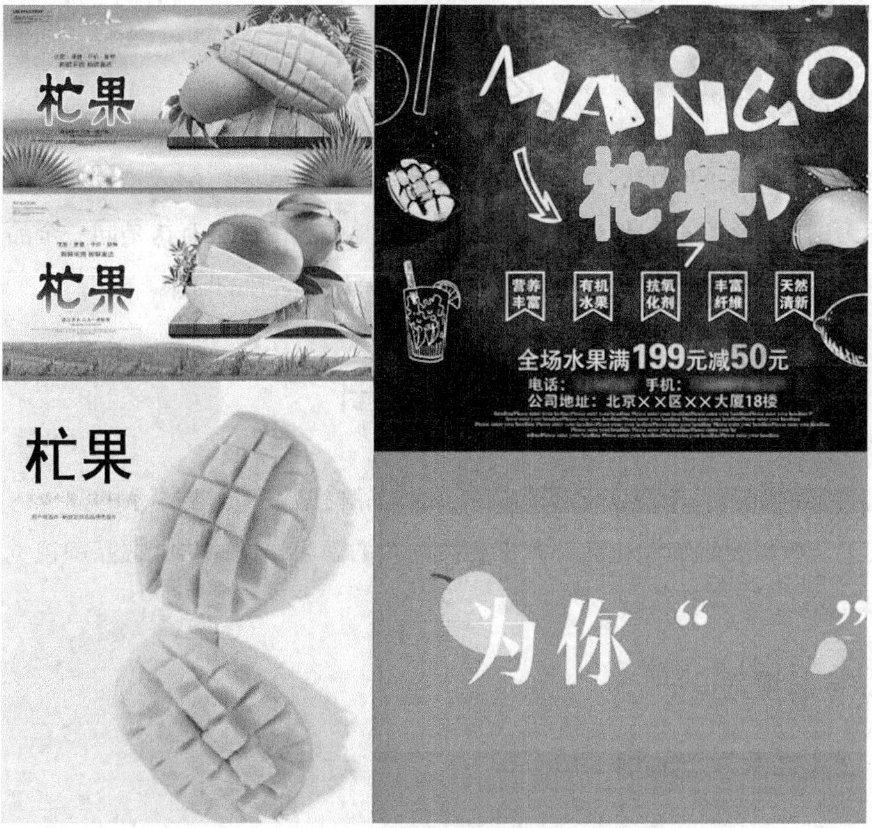

扫码可见
高清彩色图片

图2-16　杂乱无序的图片拼凑效果示例

二、品牌视觉VI标准体系的重要性

通过任务一的学习，李丹了解了品牌视觉VI标准体系的内容与制定，接下来她通过询问公司前辈了解到品牌视觉VI标准体系之所以重要的原因，并做了如下罗列。

（一）规范品牌视觉设计

品牌视觉VI标准体系建立最直接的作用是规范品牌视觉设计，让设计师在进行品牌设计时有所依据，在规定范围内按照品牌视觉需求设计出具有优质效果的品牌视觉作品。

（二）塑造品牌定位

通过制定品牌视觉VI标准体系，可以系统、整体地把控品牌视觉设计的方向与风格，确定品牌定位，包括品牌的风格定位、理念定位等。

（三）深化消费者印象

品牌视觉VI标准体系的制定，能够将品牌视觉统一规范起来，形成一致的对外形象，消费者无论在什么场合、什么平台看到品牌视觉内容，都会有这是同一个品牌的感觉，并能够感受到统一的品牌风格与文化，加深其对品牌的印象。

任务三　品牌视觉设计

通过前述内容的学习，李丹了解了品牌视觉和品牌视觉VI标准体系的知识内容，在此基础上，她需要继续深化品牌视觉相关内容的学习，进一步掌握品牌视觉设计的流程与方法。

一、认识品牌视觉设计

（一）什么是品牌视觉设计

品牌视觉设计是将企业品牌想要展现给消费者的企业经营理念、企业文化、产品特色、战略构思、企业服务等转化为可视化的符号和色彩，转化过程中需要运用到平面设计、三维设计（如Ps工具）等视觉设计技巧和方法，最终形成统一的、标准的、系统的、个性的视觉传达符号系统。

（二）品牌视觉设计的标准

1.品牌视觉呈现的稳定与统一

品牌视觉的呈现必须是稳定和统一的，不可以随意更改，其统一主要表现在颜色统一、文字统一、图形统一等方面，只有稳定、统一的视觉呈现，才能够给消费者留下深刻的视觉记忆，使消费者在看到这一类视觉呈现时，马上能够想起对应的品牌。

2. 品牌视觉的创新与优化

品牌视觉就好比人们穿衣一样，每隔一段时间，服装的流行款都会进行更换，品牌视觉也一样，会随着市场和消费者的审美变化而提出不同的视觉呈现需求，因此在进行品牌视觉设计时，需要时刻保有创新热情，对品牌视觉呈现不断进行优化。如图2-17所示，是消费者不同审美阶段出现的两种包装视觉呈现效果。

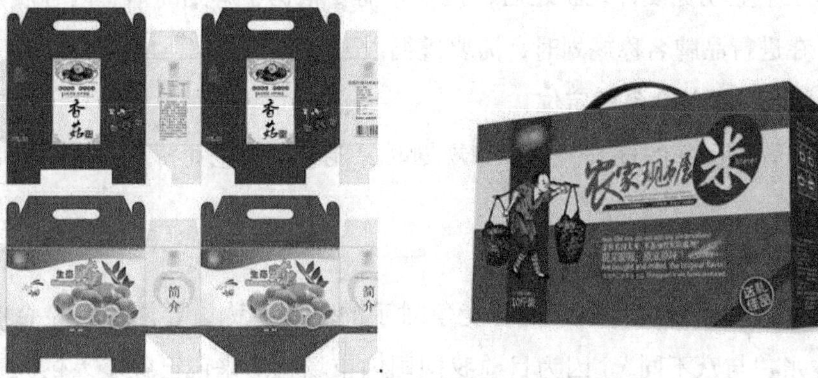

图2-17　不同审美阶段的包装视觉呈现效果

3. 品牌视觉设计要符合品牌定位

品牌视觉是用来反映企业和品牌的特征的，因此需要符合品牌定位，也就是要具有区别于同行品牌的记忆点，没有记忆点的品牌很容易被消费者和市场遗忘。一些品牌之所以出名，是因为营造出了具有自身特点的品牌个性，这种个性会吸引消费者持续追随品牌。

二、品牌视觉设计流程

了解了品牌视觉设计的概念与标准之后，李丹开始着手学习如何展开品牌视觉设计工作，在了解和掌握了品牌视觉设计的流程和方法后，她和同事一起展开了公司沃柑品牌的视觉设计。

（一）了解企业视觉设计现状

正式开始品牌设计之前，首先要了解企业视觉设计现状，了解现状可以从以下几个维度展开。

（1）了解企业目前视觉设计的类型。

（2）了解企业目标用户群体的属性。

（3）了解企业视觉设计需要传达的理念。

（4）了解企业所处行业中视觉设计的特点以及发展趋势。

（二）品牌名称规划

了解了企业视觉设计现状之后，接下来需要根据了解到的信息内容展开品牌名称规划。在进行品牌名称规划时，需要遵循以下原则。

1.品牌名称要符合品牌定位

品牌名称是品牌的核心部分，在规划时要能够彰显企业特点、展示品牌定位与价值。

2.品牌名称要有特色

品牌名称在设置时，要区别于竞争对手的品牌名称，要能够彰显企业品牌特色，即主张“与众不同”。因为目前我国国内市场相对来说已经步入供大于求的阶段，品牌之间竞争愈演愈烈，“同质化”现象越来越广泛，在这种情况下，如果不是“差异化”的品牌，很快会被市场吞没。

3.品牌名称要便于识记

便于识记的品牌名称能够给消费者留下深刻的记忆点，在品牌命名时，切忌使用生僻字或奇怪的符号等，要在展现品牌定位、保持品牌特色的前提下，结合产品与消费者偏好等规划便于消费者识记的名称。

4.品牌名称要符合目标消费者审美偏好

品牌名称最终是需要被消费者接受的，因此需要充分了解目标消费者的喜好，规划出符合其偏好的品牌名称。

了解到以上关于品牌名称命名的方法后，李丹和同事们决定将公司柑橘品牌的名称定为“小心‘柑’”，“柑”音同“肝”，名称整体活泼俏皮且便于识记，符合企业年轻化、轻松活泼的品牌理念，也符合当下消费者的审美偏好。同时，品牌名称中直接点名了所卖的产品，让消费者一看到品牌名就能够想到相应的产品品牌名称联想及代表特色如图2-18所示。并且，为了能够凸显“小心‘柑’”产品的鲜美，还设计了与名称匹配的英文字“fresh & fruit”。

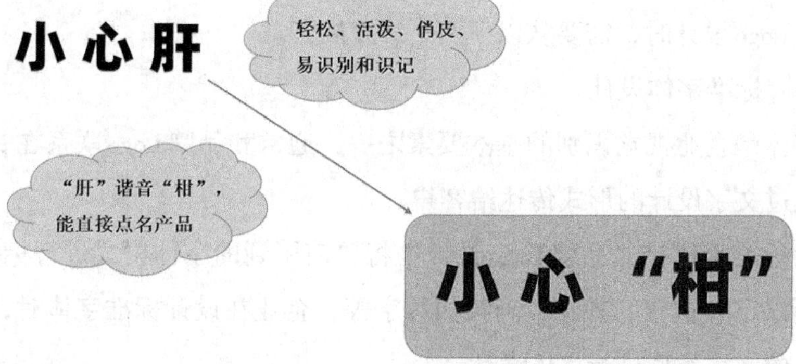

图2-18　“小心‘柑’”品牌名称联想及代表特色

（三）品牌Logo设计

1.Logo设计的原则

确定好品牌名称后，接下来要进行品牌Logo设计，Logo是通过简练、直接的造型，向消费者传达企业理念的符号，在Logo设计时，需要遵循以下原则。

（1）具有视觉冲击与吸引力。

Logo在设计时，要具备一定的视觉冲击和吸引力，让消费者能够在第一时间被吸引，进而关注Logo内容和隐含的企业理念和产品理念。

（2）选择合适的Logo表现形式。

Logo的表现形式多样，有图形表现（几何图、象征图、再现图）、文字表现（汉字、拼音、外文、阿拉伯数字）、综合表现（图形与文字的结合方式），设计师在设计品牌Logo时，要充分考虑这三个维度，然后设计出完整的Logo作品。

（3）简洁不繁复。

简洁不繁复的Logo可以让消费者更容易回忆起来，同时增加美观效果。Logo设计时，要用尽量简洁的表现形式表达出品牌定位和理念，此外Logo中通常会包含企业的名称或品牌的直接名称。

（4）充分考虑Logo的使用显示问题。

要充分考虑Logo制作好后的使用显示问题，比如是否能在小尺寸的情况下有好的显示效果，是否能在颜色深或颜色浅的地方有好的显示效果，是否能在宣传媒介上有好的显示效果等。

2.Logo设计的维度

在进行Logo设计时，需要从以下两个维度展开。

（1）品牌标准字体设计。

标准字体是企业视觉识别的基本要素之一，通常和品牌Logo联系在一起，它可以将品牌通过文字设计的形式传达给客户。

品牌的标准字体是对品牌Logo设计中将要使用到的字体格式进行标准化规范，其内容包括汉字、拼音、外文、阿拉伯数字等，企业在设计标准字体时，需要结合Logo中涉及的文字类型进行字体设计。

品牌标准字体在设计时，要注意区别于普通印刷体，更重要的是要根据品牌个性、特征进行设计，对字体的展现形态、粗细、字符之间的配置等进行设计，相较于普通字，标准字看起来更有设计感、更有特色、更易于传播。

李丹与其团队将品牌名称设计为“采用能够凸显俏皮、可爱的艺术字体”，并将配套的英文设计为“采用区别于名称但与名称相契合的英文字体，整齐之中不失调皮”，具体设计完成后的效果如图2–19所示。

图2–19　确定标准字体

（2）品牌专用字体设计。

专用字体是围绕企业品牌宣传、活动、产品等设计的专门字体，包括汉字、拼音、外文、阿拉伯数字等。比如企业想要在杂志中进行品牌宣传，那涉及的宣传口号等字体就要采用提前设计好的专用字体。

专用字体在设计时，要与标准字体相关联，结合品牌理念设计视觉效果统一的专用字体，不能盲目设计。

3.品牌标准色彩设计

品牌标准色彩是用来区别品牌与市场上其他品牌视觉设计的专属色彩，品牌标准色彩确定要依据品牌理念、产品特征等来进行，在设计品牌标准色彩时要遵循以下原则。

（1）标准色彩要能够体现品牌理念、产品特征等。

（2）标准色彩要与同行的视觉色彩相区别。

（3）标准色彩要具有视觉特点，能够迅速抓住客户眼球。

（4）标准色彩不宜过多，通常不要超过三种颜色。

依据以上标准色彩的设定原则，李丹与其团队将其标准色彩设定为绿色和橙色，因为绿色能够凸显产品“柑橘”的新鲜和健康，“橙色”能够凸显产品本身的色彩，同时这两种颜色在视觉效果上会给人亮眼、清新的感觉。如图2-20所示为李丹及其团队设定的两种标准色彩。

扫码可见
高清彩色图片

图2-20　确定标准色彩

4.完成品牌Logo整体设计

品牌标准字和品牌颜色设计完成后，接下来需要对Logo进行整体设计，包括Logo的组合形式、颜色配置等。

李丹和团队在进行反复推敲设计后，决定采用绿色为底色且造型为长方形，并设计了小柑橘瓣在Logo右上角做点缀；在品牌名位置设计时，将文字都放置在绿底上，且左边为“小心”，右下方为“柑”，“小心”两字采用深绿色以区别背景色，“柑”字采用白色以凸显品牌产品；最后将英文字放置在背景色外，且放置在Logo的最下方，颜色采用橙色。最终得到成型的“小心‘柑’”Logo，如图2-21所示。

扫码可见
高清彩色图片

图2-21 “小心‘柑’”Logo

（四）品牌特征图案设计

品牌特征图案是配合品牌基本元素设计的，为了在宣传媒体上做展示，在设计时，要遵循以下原则。

（1）图案要能够凸显品牌内涵、企业精神，强化品牌和企业形象。

（2）造型可以由设计师依据品牌和企业情况进行设计，最终设计出的图案要具有表现力且易识别，方便宣传和加深客户印象。

（3）在设计时，要充分考虑品牌Logo，以Logo为延伸进行设计。

如图2-22、图2-23所示为李丹和团队设计的品牌特征图案，品牌特征图案和Logo一起，能够起到加深品牌印象的目的。

图2-22 品牌特征图案1

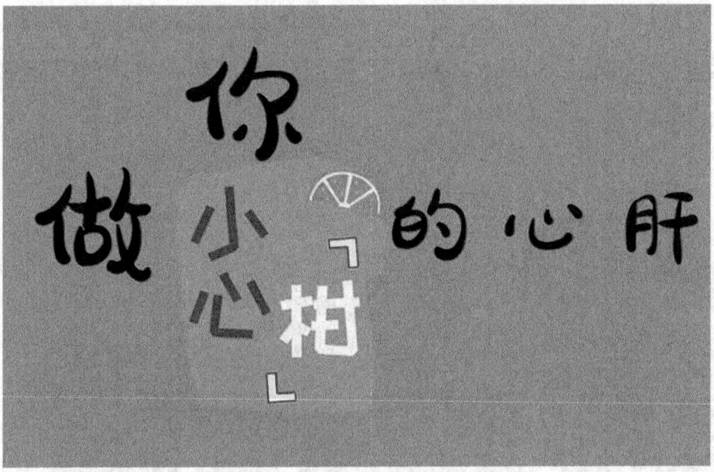

图2–23　品牌特征图案2

（五）品牌吉祥物设计

品牌吉祥物是以拟人化的形象来吸引消费者好感的品牌拟人代言，通常设计成造型可爱的卡通形象，以此来引起消费者的注意。如图2–24所示，为“小心柑”的品牌吉祥物。

图2–24　“小心‘柑’”品牌吉祥物

（六）品牌包装视觉设计

品牌包装是消费者在收到产品后，第一眼看到的视觉设计成果，因此需要对其进行设计，设计时要突出品牌特色，同时要迎合消费者的审美偏好，在包装上，要添加品牌Logo，加深消费者对品牌的印象，此外在产品上也可以添加能够代表品牌的小图标。如图2–25所示为“小心‘柑’”的一套包装设计，为了区别于市场上同类包装（包装盒上通常都是水果造型），并迎合高端沃柑的理念，李丹和同事们设计了几款色调简单、大气的包装，并在包装的最显眼位置添加了品牌Logo，以起到品牌宣传的效果。同时，在沃柑产品上，分别添加了品牌吉祥物或品牌Logo的小图标，如图2-26所示。

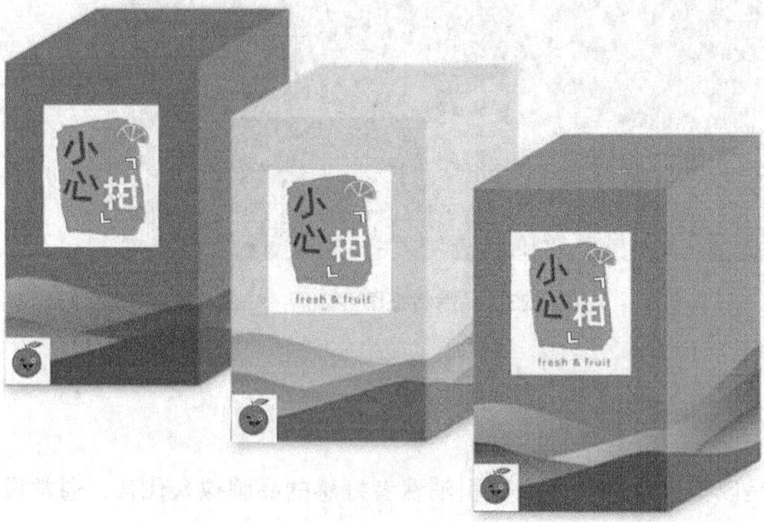

扫码可见
高清彩色图片

图2-25 “小心‘柑’”包装设计

图2-26 将吉祥物或品牌Logo粘贴到武鸣沃柑上

（七）品牌推广视觉设计

品牌建立后，就要进行品牌推广，好的品牌推广视觉设计能够为企业和品牌带来更多客户，在进行推广视觉设计时，需要遵循以下原则。

（1）推广视觉成果要成系列，整体要统一，以打造整体、易识别的市场印象。

（2）推广视觉成果要符合企业经营理念、符合产品特色。

（3）品牌视觉成果要符合当下的消费者审美。

（4）品牌视觉成果要图文结合，共同完成品牌宣传的目的。

（5）品牌视觉设计成果套图中，部分图片最好包含品牌Logo，以加深客户对品牌的印象。

（6）品牌推广视觉设计成果各个图片侧重点不同，比如有的图侧重宣传产地、有的图侧重宣传产品，这些图共同形成推广图矩阵。

结合以上原则，李丹及其团队，制作了部分推广视觉效果图及视频，如图2–27、图2–28、图2–29、图2–30所示。

在图2–27中，采用了图文和卡通表情相结合的方式，重点突出柑橘产品，同时添加了品牌Logo。

图2–27　图片推广视觉效果1

图2–28是为品牌活动做的直接宣传图，在图片中除了包含品牌Logo、产品外，还包含活动具体时间，以方便消费者在活动期间购买。

图2–29区别于前两种图，该图片添加了柑橘的产地（武鸣），并对产地采用较大字来显示，配合品牌Logo和产品图，很明确地告知消费者产品是来自武鸣的沃柑品牌“小心‘柑’”。

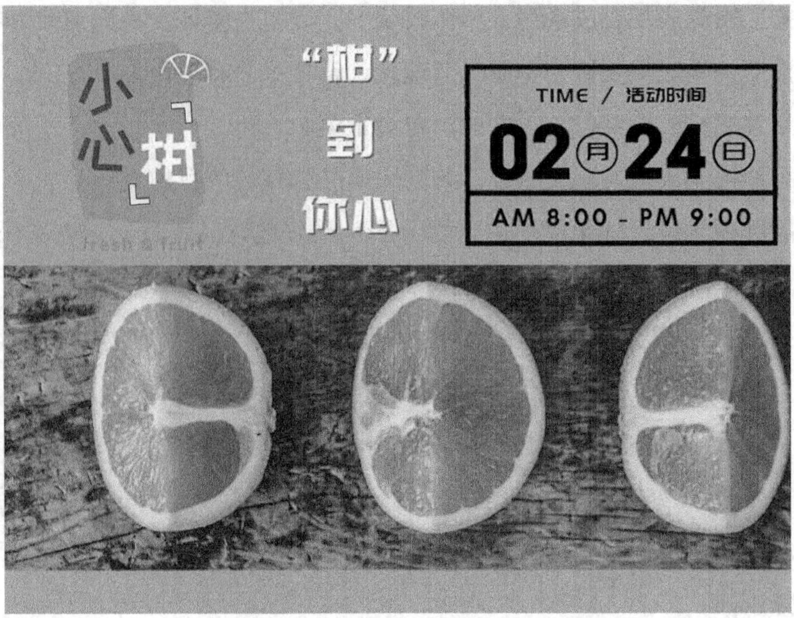

图2-28　图片推广视觉效果2

图2-29　图片推广视觉效果3

除了要进行图片宣传外，还需要进行视频宣传，因此在进行品牌推广视觉设计时，还要进行视频呈现效果设计，与图片一起，共同完成品牌的宣传，如图2-30所示，是“小心‘柑’”品牌视频推广的视觉效果截图。

图2-30　视频推广视觉效果

通过以上操作，李丹和她的团队完成了此次柑橘品牌的视觉设计，接下来他们需要结合市场变化和实际品牌运营需求，不断优化和调整品牌视觉呈现，以满足消费者的需求，更好地宣传品牌。

课程思政

华为技术有限公司于1987年在中国深圳正式注册成立，是一家生产销售通信设备的民营通信科技公司，旗下产品主要涉及通信网络中的交换网络、传输网络、无线及有线固定接入网络、数据通信网络及无线终端产品，为世界各地通信运营商及专业网络拥有者提供硬件设备、软件及其相关服务和解决方案。

接下来，我们来看一下这一家高科技公司的品牌设计历程与理念。

品牌Logo设计

到目前为止，华为的品牌Logo经历了三次优化升级，最初的Logo是一朵由15个花瓣组成的太阳花，到2006年，华为将15个花瓣减少为8个花瓣，减少的原因是，8个花瓣更能够展示华为公司的核心理念：创新、聚焦、稳健、和谐。到2017年，华为将Logo中的渐变色逐渐消除，转化为扁平化的Logo设计风格。

就最新的华为Logo来看，这一代的Logo保留了上一代的基础图案（8个花瓣），在基础图案上优化了颜色（渐变色统一调整为纯色），同时使用黑色的“HUAWEI”品牌拼音文字，在文字设计上，消除了第二代Logo中字母“E”的弧度，使其与“HUAWEI”的其他字母保持一致，如图2–31所示。这样的视觉设计升级，使华为Logo更符合当下客户的审美，更便于媒体传播。

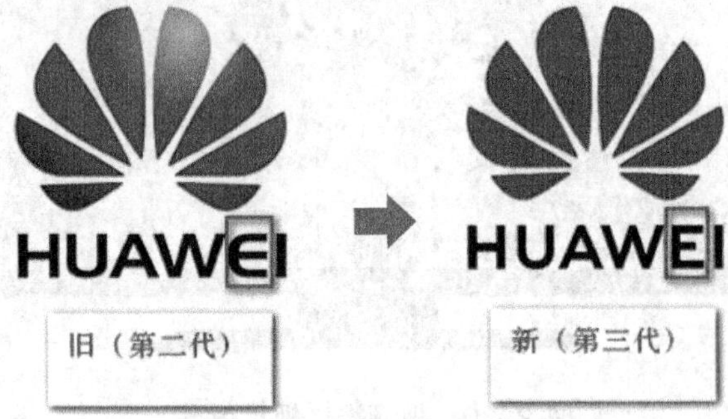

扫码可见
高清彩色图片

图2–31　第二代与第三代华为Logo

以华为nova9系列为例，其外观上延续了nova品牌在手机色彩美学上持续探索的基因，为用户带来4种色彩：全新灵感色彩9号色、延续经典的绮境森林、普罗旺斯和亮黑色，分别在手机后盖上演绎着如梦幻般的色彩盛宴。nova 9 Pro的环幕屏设计，消除了屏幕左右边框带来的视觉局限，观感更高级；3D曲面屏幕，边缘经过高精度玻璃研磨工艺，COF封装工艺，让屏幕上下边框极尽细窄，目之所及皆为屏幕；机身薄至7.97mm、重量仅为186g，精致瞩目，让人爱不释手。

可见，品牌视觉在建立之后，仍然需要根据市场变化、客户审美变化、传播需求变化等不断对视觉效果进行创新和升级优化，使其更能够彰显品牌特色，吸引更多的品牌忠诚客户。

模块二　相关知识

一、品牌视觉符号化

品牌视觉符号通过简单、清晰的图形准确地传达品牌信息，其中品牌Logo是彰显品牌特色、文化、理念等的符号，是品牌对外形象的核心部分，其将品牌理念明确化，进而转化为易懂的图形，运用夸张、概括、比喻等手法，创造出具有象征意义的艺术形象。

如图2–32所示是品牌“故宫博物院”的Logo,该Logo设计取“宫”字形，造型上方的海水托玉璧，取珍如拱璧之意，象征故宫博物院拥有并妥善保存100多万件珍贵文物，让故宫博物院的形象更加具体，表达出了故宫博物院的文化底蕴，更易于品牌宣传。

图2–32　故宫博物院品牌Logo

除了图案外，品牌符号化中，色彩也是关键因素之一，色彩在某种程度上能够决定客户的去留。同样的品牌符号，使用不同的色彩，其受客户欢迎程度就不同，比如同样是“小心‘柑’”的Logo，将其的彩色部分替换掉，整体做成灰色的色彩效果，如图2–33所示，那么客户对该品牌的喜爱和接受度就会差一些。可见，成功的品牌必定都有其鲜明的色彩特征，以此传达品牌的个性主张，使品牌与消费者之间建立起某种共情，顺利被消费者接受和喜爱。

扫码可见
高清彩色图片

图2–33　灰底效果的“小心‘柑’”Logo

除了色彩外，品牌符号中的标识语也是重要的视觉元素，用来向消费者展示品牌理念或功能等，如能够给消费者带来的好处或与同类品牌的差别等。

最后，符号化的字体也是影响品牌视觉呈现的因素之一，一般品牌的字体需要具备高度的适合性、识别性、艺术性和风格化等特性。与品牌视觉符号化的其他影响因素一起，搭建好品牌的视觉效果。

二、品牌文案的构成

所有成功的品牌，除了产品本身的高品质外，相应的品牌文案也很关键。一般来说，品牌文案主要由以下内容构成。

（一）品牌名称

品牌名称是品牌的核心部分，在规划时要能够彰显企业特点、展示品牌定位与价值，其是品牌与受众的第一接触点，是品牌独特的名称和专用名词，品牌名称可以区别于市场上同类品牌，比如“褚橙”这个品牌名称，就是市场上只此一家、别无分号的。

（二）品牌标识

品牌标识是从图像上区别于其他品牌，通过视觉呈现让客户感受品牌特征，加深客户对品牌的印象。比如“褚橙”通过橙子、“CHUCHENG”拼音、褚时健人物卡通画像等来彰显品牌与产品特色，客户会因为其中的某个因素或某些因素而记住这个品牌。

（三）品牌信条

品牌信条可以是一个理念使命、口号或者广告语，也可以是品牌的定位。通常来说，品牌信条的文案应当非常简洁，能够表达品牌特点、观念等，是用来拉近和说服客户的一种独特概念。品牌信条会随着市场和客户偏好不断地产生变化，但始终要符合品牌的核心价值观和定位。

（四）品牌故事

无论什么品牌、什么产品，肯定会有这样或那样的故事，将品牌或产品故事通过文案的形式呈现出来，就是品牌故事文案。通过品牌故事，客户能更深入地了解企业、品牌和产品，从中找到共鸣，为品牌宣传奠定基础。比如“褚橙”品牌在宣传上，很大一部分是通过褚时健的励志创业故事展开的，客户会因此对“褚橙”品牌产生更多的好感。

以上，是品牌文案常见的四种构成，无论撰写哪种类型的文案，都要考虑到品牌的目标受众，品牌受众是品牌的目标客户，所有成功品牌的文案，都要在明确自身客户特征的基础上，撰写符合其审美的品牌文案，如果目标客户是年轻人，那么品牌文案在撰写时，就要在表达方式、语言组织等方面更靠近年轻客户的喜好。

同步实训

一、实训概述

本项目实训为品牌设计，学生通过本项目学习，应能够掌握品牌设计的技能，能够独立运用作图工具完成品牌Logo、推广图的设计与制作。

二、实训背景

实训开始前，学生首先了解以下实训背景，并以小组为单位展开实训操作。

武鸣火龙果是广西壮族自治区南宁市武鸣区的特产（如图2-34所示），火龙果是热带水果，熟果味道香甜，具有很高的营养价值，同时火龙果在种植过程中很少有病虫害，几乎不需要使用任何的农药就可以正常生长，是一种健康、环保的水果。现南宁市武鸣区某火龙果种植基地打算就自己基地生产的火龙果创立一个品牌，请学生作为该火龙果基地的视觉设计人员，参与此次品牌视觉的设计任务。

图2-34　武鸣火龙果

三、实训任务

通过对实训背景的解读，请学生根据本项目所学内容，以小组合作的形式完成如下实训任务。

1.完成对“武鸣火龙果”品牌名称规划；

2.完成对“武鸣火龙果”品牌Logo设计；

3.完成对“武鸣火龙果”品牌推广图设计。

四、实训步骤

学生可参考如下步骤完成实训任务。

步骤1：分析“武鸣火龙果”产品特点（基地打算打造小清新、符合年轻客户偏好的产品品牌）；

步骤2：通过互联网调研现在市面上关于“火龙果”的品牌视觉内容；

步骤3：结合“武鸣火龙果”产品特点和企业品牌打造理念，规划好品牌名称；

步骤4：确定品牌的标准字体；

步骤5：确定品牌的标准颜色；

步骤6：自选作图工具（如Ps），完成品牌Logo整体设计，包括Logo的组合形式、颜色配置等；

步骤7：自选作图工具，为品牌设计一张推广图，用于品牌特卖活动宣传。

第三章　店铺视觉

学习引导

网店视觉的美观度直接影响着消费者对网店的印象，有设计感的店铺不仅能带给消费者视觉上的享受，缓解消费者浏览网页时的疲劳感，更能增加消费者的信任感，感受到企业的实力与专业。店铺视觉设计要以商品为中心，以符合用户浏览习惯为宗旨，从网店全局规划出发，对每个模块都进行精心设计，最终呈现出店铺独一无二的整体风格。其内容主要包括首页视觉设计、详情页视觉设计和海报视觉设计。

学习目标

☆知识目标

1. 认识店铺首页视觉设计的内容和要求；

2. 了解店铺详情页设计的方法和技巧；

3. 熟悉店铺海报的风格类型。

☆能力目标

1. 掌握店铺首页视觉设计的基本流程；

2. 能够独立完成店铺详情页设计；

3. 能够掌握不同风格的店铺海报设计方法。

☆思政目标

了解视觉在人的五官感知中的作用。

项目情景

武鸣区位于广西南宁市北部，属亚热带季风性气候区，日照充足、雨量充沛，这种天然优势非常适宜种植沃柑等农产品。2020年受新型冠状病毒肺炎疫情影响，多地农产品严重滞销，果农们损失惨重。为了走出眼前的困境，拓宽农产品销路，果农老李在淘宝网上申请并开通了店铺，接下来就到了店铺装修的环节。然而现实情况是，尽管老李十分熟悉自己的产品，也知道其卖点和优势在哪里，但对于店铺视觉的知识一窍不通，为此，他把这个任务交给了自己的儿子小李，小李通过学习，归纳出以下内容。

模块一　任务分解

任务一　店铺首页视觉设计

一、认识店铺首页视觉设计

果农老李在淘宝网上申请并开通了店铺之后，需要进一步完成店铺装修，通过视觉因素更好地传递产品信息、服务信息和品牌理念。在这一阶段，他儿子小李首先接触到的就是店铺首页的视觉设计。

（一）店铺首页视觉设计的重要性

店铺首页作为店铺形象展示的窗口，是消费者感知产品的第一接触点，相当于实体店铺的门面。精心设计过的店铺首页往往更具美感，它能通过视觉传达使消费者产生信任感，增加消费者在页面停留的时间，并促进购买行为，提高店铺转化率。此外，店铺首页的视觉效果对店铺品牌的建立也是至关重要的，如图3–1所示为某店铺首页。

（二）店铺首页布局管理

店铺首页布局管理就是通过对店铺首页各模块的结构调整来合理布局首页内容，以求在有限的页面中达到最好的宣传效果。以淘宝网为例，店铺首页结构主要包括店铺页头、店铺中间区域、店铺页尾，如图3–2所示。

广西武鸣特产店
收藏店铺
—来自大自然的味道
自然的美味来！
武鸣特产
为什么叫百香果?
广西武鸣—特产
1.生态环境
2.生产基地
3.新鲜采摘
4.人工精选
5.土壤肥沃
广西武鸣特产店

图3–1　某店铺首页

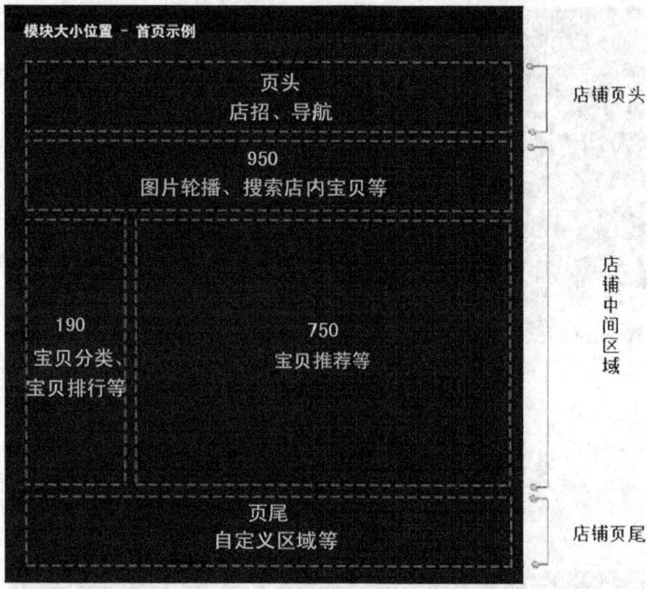

图3–2　淘宝网店铺首页结构

页面布局管理可通过店铺后台进行相应设置，具体操作如下。

卖家进入千牛卖家工作台，在“店铺管理”模块中，单击进入“店铺装修”页面，选择PC端—首页，然后进入装修页面，并切换至“布局管理”，如图3–3所示。此时卖家可以根据自身规划，从左侧栏中的“基础模块”中选择所需模块，并拖动至中间编辑区相应的位置。

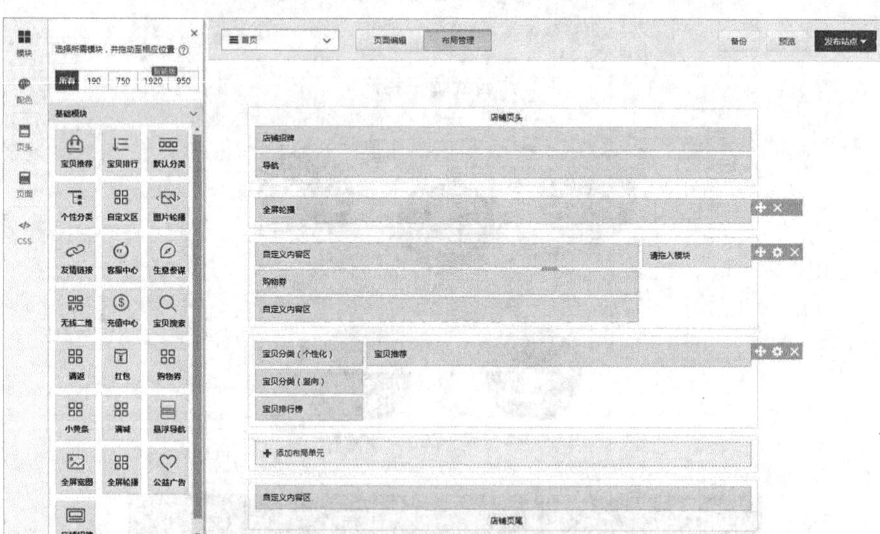

图3–3　店铺布局管理页面

1.店铺页头

"店铺页头"区域由两个部分组成，分别是"店铺招牌"模块和"导航"模块。其中"导航"模块不可删除，"店铺招牌"模块则通过拖动页面左侧区域中相应的模块进行添加，如图3–4所示。

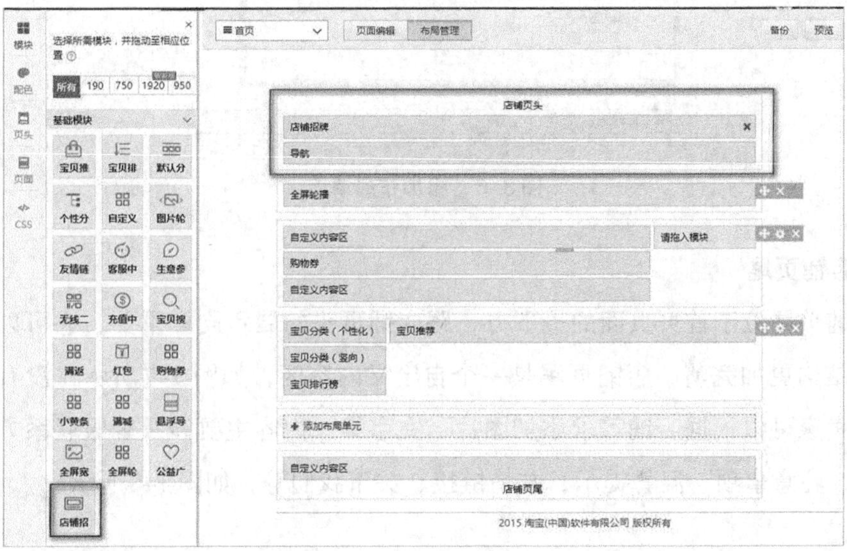

图3–4　店铺页头

2.店铺中间区域

店铺中间区域可供选择的模块众多，如图3–5所示，包括"宝贝推荐""宝贝

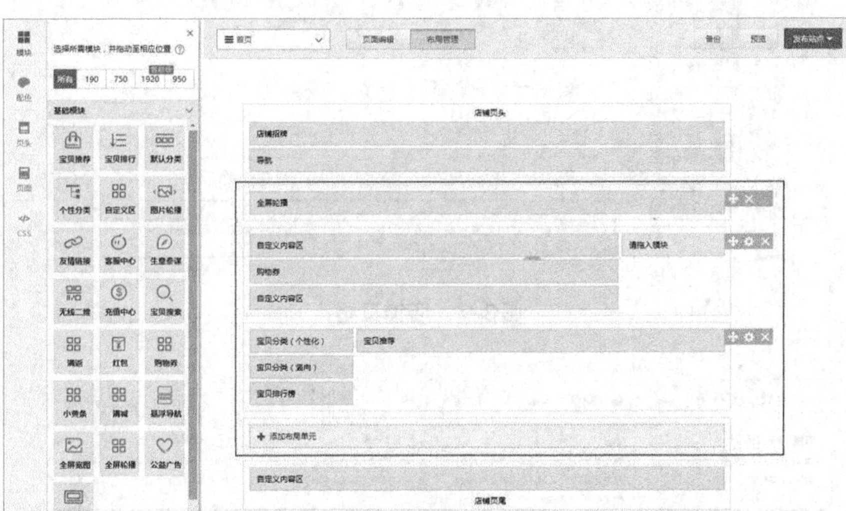

图3–5　店铺中间区域

排行榜”“宝贝分类（竖向）”“自定义内容区”等。该区域的设置方法与页头相同，可从左侧拖动相应的模块到该区域，也可将其删除，还可以根据店铺需要添加布局单元，如图3–6所示。

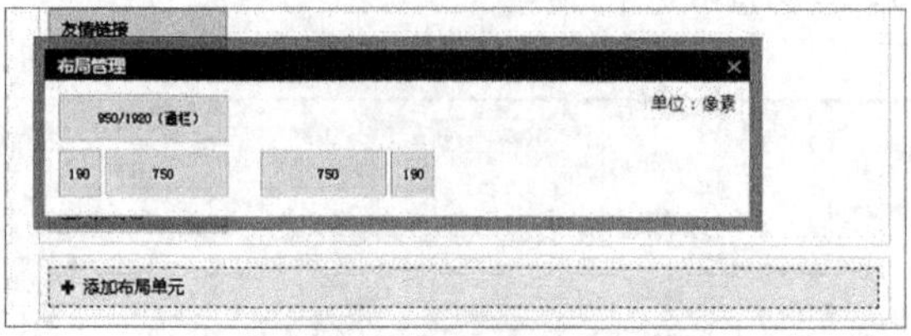

图3–6　添加布局单元

3. 店铺页尾

店铺页尾位于首页页面的最下方，跟店铺页头的展示同样重要，它可以令店铺首页的结构更加完整。店铺页尾是一个自定义内容区，如图3–7所示，没有预置的模块，卖家可以根据店铺需求添加图片、文字等，内容主要涉及客服联系方式、发货须知、注意事项、温馨提示、友情链接、关于我们等，如图3–8所示。

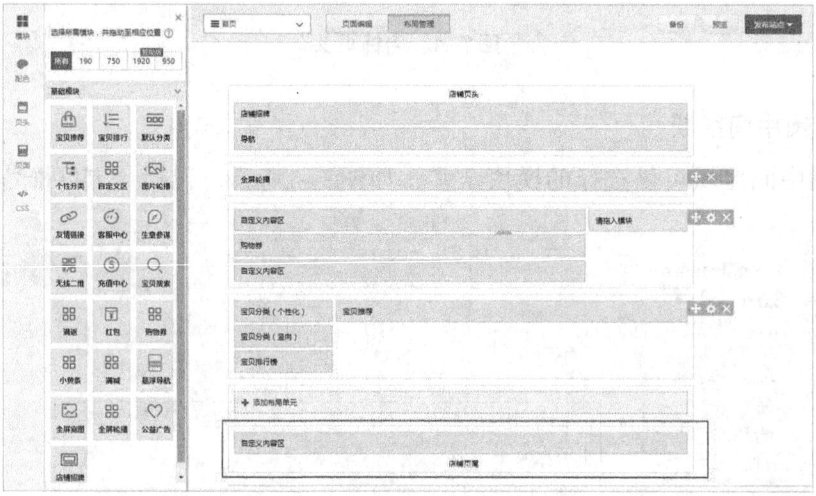

图3–7　店铺页尾

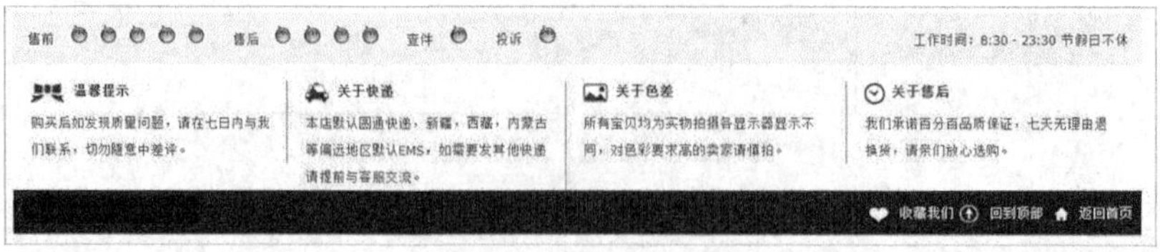

图3–8　某店铺页尾示例

（三）店铺首页视觉设计的内容及要求

1.店招设计

店招即店铺招牌，其位于店铺首页的顶端，用于标识店铺品牌、传达销售信息及最新优惠等一系列信息。由于店招的位置醒目，是消费者进入店铺后看到的第一个模块，因此需要特别重视。

以淘宝店铺为例，网店店招默认的表现形式为“背景图片 + 店铺名称”，其中背景图片不但可以更换，还可以使用店铺默认的招牌背景图片。卖家也可以自行设计并制作店招，然后进行上传。店招的设计要点主要包括以下几点。

（1）尺寸标准。

店招模块位于店铺页头区域，默认为950px × 150px，因店铺页头区域包括店招和导航两个模块，在实际设计中店招高度不应超过150px，以120px为最佳，因为超过120px会影响店铺导航的显示，因此在设计店招过程中一定要注意店招的高度标准，如图3–9所示。

图3–9　店招尺寸标准

（2）内容规范。

店招最主要的功能是给消费者展现店铺名称，在此基础之上，还可以添加品牌宣传语、促销信息、收藏按钮等，配以店铺产品图片，力求在有限的空间传递更多有效的信息，使消费者通过店招就能对店铺的主营类目等信息有个初步的了解。但这些元素并不是越多越好，要有重点和留白，内容规范，不能出现错别字等低级错误。如图3–10所示的店招中，店铺名称“老农精品果园”字大突出，其宣传语“生态农业，引领优质生活”和收藏店铺的按钮简单有序，同时放置了店铺促销产品百香果和柑橘的图片，使消费者迅速知道自己正在浏览的店铺名叫“老农精品果园”，是一家以百香果、柑橘为主要产品的绿色生态水果店铺。

图3-10　店招内容规范示例

（3）风格明确。

利用色彩、字体、背景以及修饰元素的和谐性及统一性来营造视觉上的舒适感，更容易打造出定位明确、风格独特的装修风格，间接提升店铺档次。如图3-10所示，店招色调和谐，字体统一，干净清爽、整齐有序、简洁大气。

2. 分类导航设计

店铺中的分类导航承载着整理、归纳网店及网店商品信息的功能，当消费者进入店铺首页时，可以依靠分类导航的引导快速找到自己所需的商品。为了避免消费者在搜寻商品时消耗过多耐心，导致他们流向其他同类网店，店铺尤其要重视清晰实用的分类导航设计。

根据分类导航在店铺中所处的位置，可以将其分为顶部分类导航、侧边栏分类导航和自定义分类导航三种形式，如图3-11、图3-12、图3-13所示。

图3-11　顶部分类导航示例

图3-12　侧边栏分类导航示例

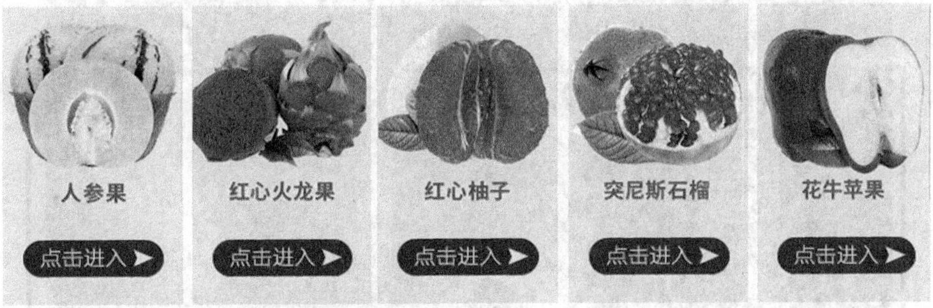

图3-13　自定义分类导航示例

分类导航通过消费者进行点击操作的交互设计可链接至店铺某一页面，如首页、商品详情页及自定义页面等。它不仅是对商品分类归纳的视觉展示，更像是一个传送带，可以直接将消费者输送到店铺其他页面。分类导航的设计要点主要包括以下几点。

（1）遵循消费者阅读习惯。

在设计导航栏目的时候需要注意按照消费者的阅读习惯来设计，导航栏自上而下纵向排列或从左到右横向排列，并且在栏目上面应该对商品进行分类，不要把导航栏的长度设置得特别长或者很短，适中即可。

（2）适度设置跳转层级。

分类导航层数太多并不利于用户抓取信息，如果通过三次点击还不能达到并完成用户的预期目标，那么用户可能会因为缺乏耐心而放弃浏览，因此并不建议做下拉框。信息框架逻辑设计应尽量扁平化，如特殊需要，跳转层级最多不应超过三层。

（3）充分考虑易用性。

店铺首页设计时，不仅要追求视觉的美感，还要站在营销的角度，充分考虑消费者购物的流畅体验，保证分类导航在店铺各个页面的易用性，为消费者提供快速、有效的购物指引。

3. 首页焦点图设计

用户在浏览网页时，习惯性“先大后小”“先中间后两边”，页面中较大的视觉元素会形成更强烈的视觉冲击，大部分页面设计也都会把重要信息放置在中间区域，如图3-14所示。

图3–14　首页焦点图

首页焦点图位于店招与导航条的下方，淘宝网设置该区域为大面积展示，在一定程度上聚焦了消费者的视线，既可固定为单张海报，也可设置为多图轮播。具体设计时，要注意以下设计要点。

（1）尺寸标准。

与店招一样，首页焦点图也有尺寸限制。以淘宝为例，普通海报图宽度为950px，宽屏海报图宽度为1920px，高度不超过540px即可。

（2）高质量图文设计形式。

高质量的焦点图需要高清、精致的产品展示，美观、风格一致的背景衬托，精心编排、重点突出的文案设计，不仅能有效传达信息，还能让消费者获得愉悦的视觉体验，对店铺产生好感，并且进一步产生浏览店铺的欲望。

4. 产品展示区域设计

产品展示区域位于焦点图下方，主要用于陈列店铺中的主要产品。如图3–15所示的某农产品淘宝网店首页产品展示区域的设计，采用统一的纯色背景及风格一致的产品图进行展示，包含了活动促销、搭配推荐、新品展示、热卖推荐等模块。

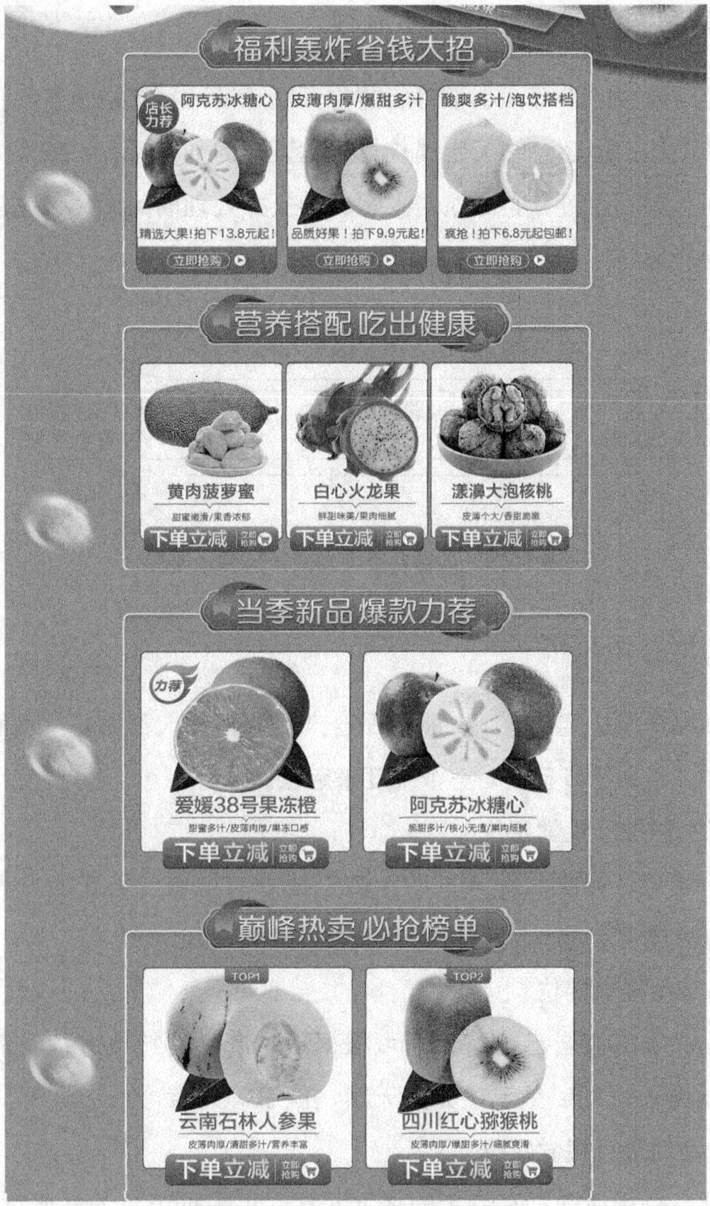

扫码可见
高清彩色图片

图3–15　产品展示区域示例

产品展示区域的设计要点是强调排版，通过对这个区域进行合理规范的排版布局可以提升消费者的浏览体验。此区域通常需要推荐店铺中的主推产品及活动促销产品。

二、店铺首页视觉设计的基本流程

经过对前面内容的学习，小李对店铺首页视觉设计有了初步了解，为了做好店铺首页的装修工作，他还总结了店铺首页视觉设计的基本流程，依次为定位页面风格、规划页面布局、设置分类导航与主题、拍摄并处理商品图片、完成店铺首页装修，如图3–16所示。

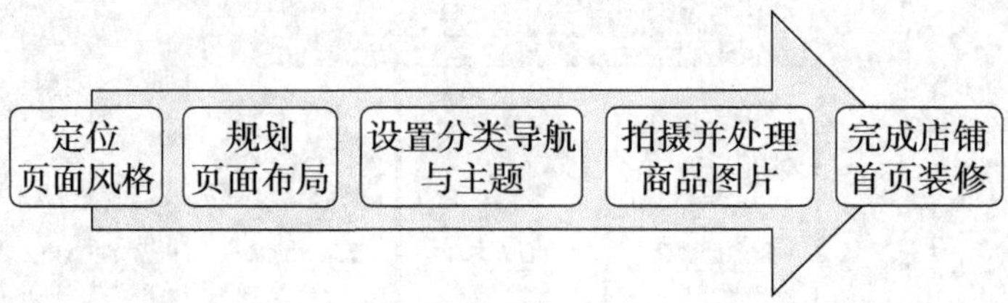

图3–16 店铺首页视觉设计的基本流程

（一）定位页面风格

店铺首页视觉风格定位清晰，将更贴合产品调性和人群偏好。页面视觉定位可以从目标人群、产品及节日活动三个维度来定位。

1.按目标人群进行视觉定位

构建用户画像，根据目标人群的年龄、偏好、地域、消费能力等进行分析解读，得出相应的视觉定位。

2.按产品进行视觉定位

每个产品品类都有自己的特性，可根据不同产品的特性进行元素提炼，例如农产品的视觉设计就可以呈现美味、天然、健康等元素。

3.按节日活动进行视觉定位

每个节日、每场活动都有特定的视觉元素，可根据节日的性质对节日的色彩、元素进行组合搭配。例如，春节就要体现喜庆、热闹、团圆和红红火火，可以采用红色和黄色进行搭配，并将中国结、春联、爆竹、福字等元素融入其中。

（二）规划页面布局

根据店铺首页视觉风格，结合消费者浏览习惯，合理利用模块，规划布局清晰的信息结构，精准传达有效信息，引导用户行为。

（三）设置分类导航与主题

对产品进行分类并确定好分类主题，例如按口味分类、按产地分类或者是按品类分类。

（四）拍摄并处理商品图片

根据既定风格、展示内容及尺寸标准等，完成商品图片拍摄、美化处理及创意图制作，包括店招图、导航、焦点图、产品展示图等。

（五）完成店铺首页装修

进入店铺后台装修编辑页面，将设计好的图片上传，根据需要创建链接，以实现跳转功能，最后发布完成。

任务二　店铺详情页视觉设计

一、认识店铺详情页视觉设计

店铺首页视觉设计完成之后，小李开始着手店铺详情页的视觉设计，由于详情页针对的是具体的产品，与首页视觉设计又有所不同，因此小李必须先了解店铺详情页视觉设计的相关知识。

（一）详情页的版块构成

详情页作为展示产品特性的主要页面，起着激发消费者的消费欲望、促使消费者下单的重要作用，它是提高单品转化率的重要因素，直接影响着店铺的销售额。

通常情况下，详情页的功能版块主要包括焦点图、热销单品推荐、商品详情、商品细节图、购物须知、品牌文化等内容（如图3–17所示），各版块不必全部展示，但在内容构成上需包含产品的关键信息，并体现出产品各个方面的优势。如农产品详情页一般包括产品介绍、产品细节与卖点、产品生长环境等，如图3–18、图3–19、图3–20所示。

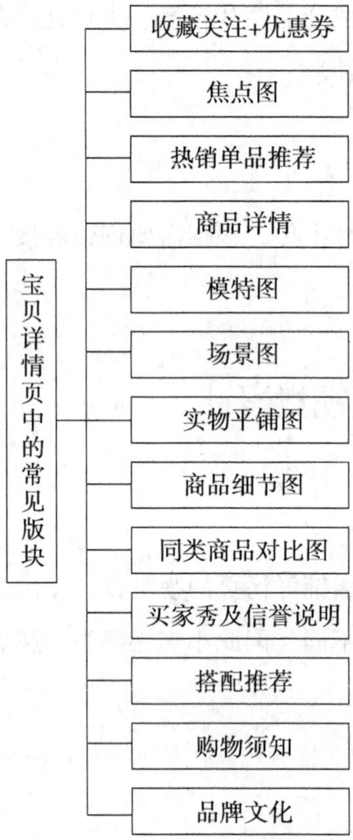

图3-17 宝贝详情页中的常见版块

图3-18 产品介绍示例

（二）详情页的感官体验

在网络购物过程中，产品呈现给消费者的感官体验主要围绕“视觉”展开。能让消费者感受良好，促使其继续浏览页面，并最终下单的详情页需要做到以下几点。

图3-19　产品细节与卖点示例

图3-20　产品生长环境示例

1. 舒适感

消费者之所以会花费时间去浏览详情页，是因为他们想从中获取自己想要的信息。一旦信息缺失，或者说需要花费较长时间才能获取到，消费者可能会感到失望或烦躁，从而选择直接离开。部分卖家在详情页开始时，会加入大量宝贝推荐、新品关联、搭配套餐等信息，这些信息不仅无法促进销售，反而会让消费者产生厌恶情绪。

2. 真实感

在进行商品特点介绍时，可以从不同角度再现商品原貌，如图3-21所示，高清展示细节特点，给消费者还原最真实的商品体验，必要时可添加对比图。此外，不可一味追求美观，而使商品失去了应有的特征。

图3–21　多角度呈现示例

3. 逻辑感

在进行商品详情页设计的时候，需要特别注重逻辑感。一方面，要站在消费者的角度，去思考其最迫切的关注点，然后快速呈现，将其放置在页面顶端，并以此为依据，确定详情页中信息的先后顺序，最终形成视觉漏斗模型中所表现的逻辑关系。另一方面，需要在整个页面中体现具有营销效应的描述逻辑，引导着用户，引发兴趣→激发潜在需求→产生信任→信赖到占有→打消疑虑，促进成交。

4. 信赖感

信赖感源于专业、正规与承诺，因此商品详情页中可适当加入温馨提示、小贴士、资质证明、认证证书、店铺承诺等，如图3–22所示。

图3-22　小贴士、店铺承诺示例

（三）详情页切割

设计完成的详情页图片通常较大，消费者在打开页面时，往往需要加载很长时间，影响客户体验。因此，在上传详情页前要对图片进行切割，将其分割为若干个小图片，自上而下单独加载，以此缩短图片打开的时间，避免客户流失。同时，详情页切割后更便于优化维护，后期一旦有修改，那么只需要替换掉个别切割的图片即可，避免了整个版面的重新上传。

二、店铺详情页视觉设计实施

消费者对商品详情页面的浏览有着从上至下的习惯，放置在顶端的内容会首先被接收和关注，那么在具体设计实施时，对于商品详情页面中常见的版块和信息，应该如何安排它们的先后顺序呢？

如图3-23所示，从消费者对信息的心理需求比例来看，商品的使用价值，是消费者产生购买行为最基本的出发点，然后确定商品的基本信息与质量，符合预期之后，便会产生购买的意向，此时消费者会希望了解更多的商品细节。而最终能否成功下单，还需要一个助推器，即商品的优点、卖点是否具备足够的诱惑力。如此便形成了一个商品详情页面设计的视觉漏斗模型，如图3-24所示。

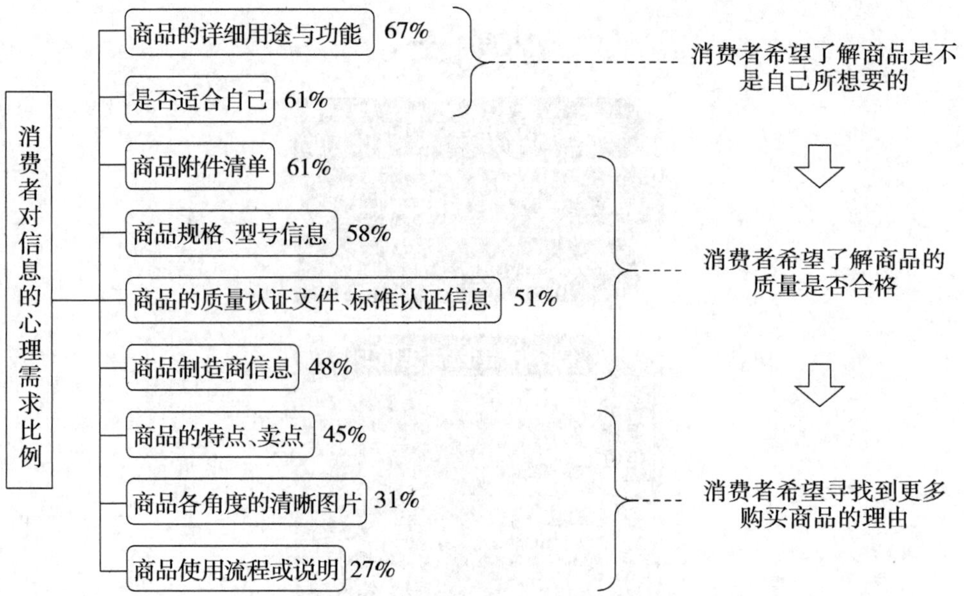

图3-23　消费者对信息的心理需求比例

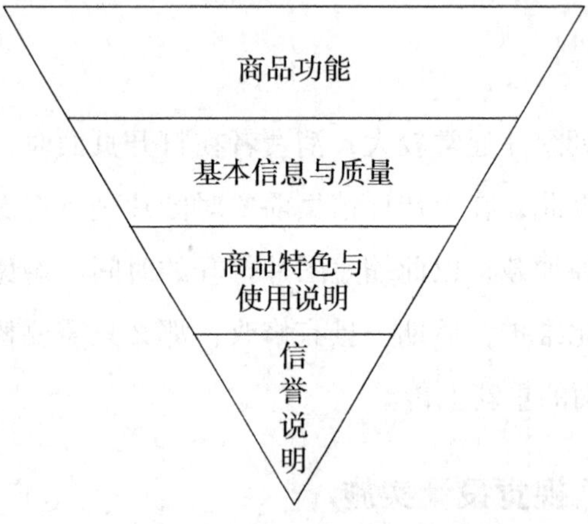

图3-24　商品详情页面设计的视觉漏斗模型

视觉漏斗模型在一定程度上可以指导商品详情页的设计，把消费者想要看到的信息按重要性有序排列，下面将进行具体设计实施。

（一）产品海报

当消费者进入宝贝详情页时，第一屏信息非常重要，能否在短短几秒钟的时间抓住消费者的视线，直接决定着消费者会不会深入了解产品。详情页视觉设计和店铺首页设计相似，通常会以产品海报的形式展开，如图3-25所示。进行第一屏设计需要考虑的因素有很多，例如，色彩搭配、风格基调、字体大小、文案位置等都是需要考虑在内的。

图3-25 产品海报示例

（二）宝贝基本信息

农产品的基本信息通常包括商品的名称、规格、产地、储存方式、食用方法、保质期等信息。基本信息是为了让消费者深入了解产品的属性，常见的设计方式为左右分割，即产品图片与基本信息各占一边，如图3-26所示。

图3-26 宝贝基本信息示例

（三）细节展示

多角度展示商品的细节，突出商品的品质，可以通过场景化设计，营造一种与消费者视觉上的互动联想，从而加深商品卖点的可信赖度，如图3-27、图3-28所示。

图3-27　细节展示示例1

图3-28　细节展示示例2

（四）产地介绍

产地对农产品的生长拥有独特的影响，气候、温度、降水量、光照及土壤等，都会造成产品品质的差异。可以将产地介绍作为商品的卖点之一，如图3–29所示。

图3–29　产地介绍示例

（五）食用方法

食品类的商品可介绍食用方法，既是商品信息的补充说明，又能通过多样化的食用方法对消费者产生诱惑力，如图3–30所示。

（六）售后与承诺

农产品在运输途中容易腐烂变质，成熟度过高、磕碰、包装保护不当都有可能造成农产品的破损。现下，绝大多数的农产品商家都提供了坏果包赔的售后服务保障，以打消用户的担忧，但赔付的标准和规则须如实提前告知，以免造成纠纷，如图3–31所示。

图3-30 食用方法介绍示例

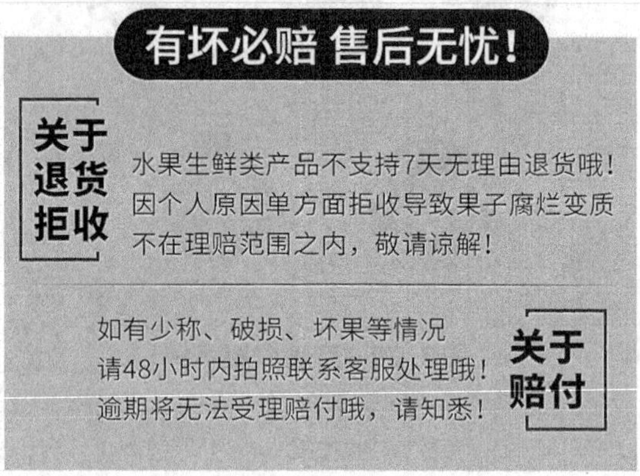

图3-31 售后服务示例

任务三 店铺海报视觉设计

一、认识店铺海报视觉设计

在店铺装修过程中，小李了解到店铺海报是卖家向买家展示店铺商品和形象的一种形式，属于店铺装修的一部分，因此，他又继续学习了店铺海报视觉设计的相关知识。

（一）认识海报

海报设计是一种视觉传达的表现形式，是店铺为了主推产品、宣传活动而进行的信息展示，如图3-32所示。一张好的海报艺术表现力强、视觉效果突出，可以成功吸引消费者的关注，成为流量入口，并能提高转化率。

图3-32　海报设计示例

海报如果出现在店铺第一屏，一般称为促销图、网店首焦图等。首页海报可以用轮播形式循环播放，通过主题明确、视觉冲击力强、有设计氛围的轮播展示，给消费者以身临其境的感受，更易激发消费者的购物欲望。海报并不局限在首屏，店铺的第二屏或第三屏也可以放置海报，但尺寸通常会略小一些。

作为视觉信息传递，海报的设计需要确定一个主题，无论是单品海报还是活动海报，只有主题选定后才能围绕这个方向确定海报的文案和信息等，海报的主题以产品图片加上文案体现，并将主题内容放置在海报的第一视觉中心，让消费者第一眼就能明白店铺所表达的内容。

（二）海报的组成元素

海报的组成元素由三部分构成：产品、文案和背景，如图3-33所示。

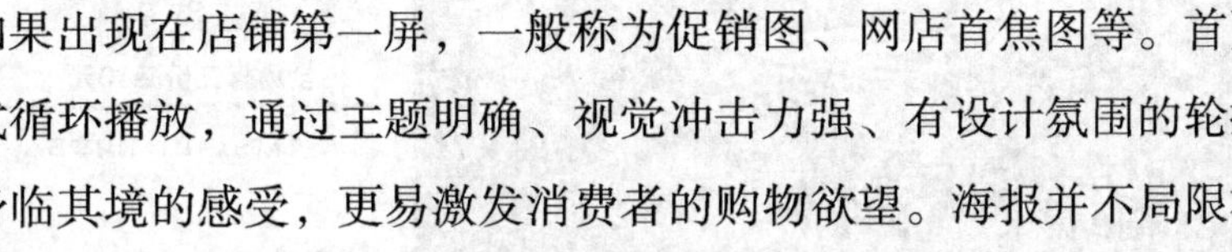

图3-33　海报的组成元素

产品：是指海报中突出产品特色、产品卖点等产品信息，能使消费者一目了然，处于视觉中心。

文案：分主标题、副标题和说明性文字，使用不超过三种字体进行巧妙排版。需要把握好主次关系，适量留白，让消费者在浏览的过程中能够轻易地抓住海报的重点，提高阅读体验。

背景：根据海报类型，结合产品和活动来选择适合的背景。背景分为拍摄背景和设计背景，拍摄背景即在产品拍摄时就已经搭建好了背景，后期设计时直接使用，如图3–34所示；设计背景则需要根据整体风格另行设计，包括颜色背景、场景背景以及纹理背景，然后将产品主体添加进来，如图3–35所示。

图3–34　拍摄背景

图3–35　设计背景

二、不同风格店铺海报的设计方法

店铺海报是一种常见的宣传方式，多用于促销，而促销的形式多种多样，活动主题也不尽相同，设计与之匹配的店铺海报，能更贴合活动主题，给消费者新鲜感和氛围感。不同风格的店铺海报，需要搭配风格一致的素材，以及相呼应的字体和色彩。为此，小李针对农产品店铺，总结了以下几种常用的海报设计风格。

（一）时尚简约风

关键词：简单、高冷、时尚、留白。

时尚简约风格的海报设计容易让人产生舒适放松的感觉，非常适合快节奏生活下的都市人群，如图3-36所示。而农产品作为一种快消费产品，并不需要过度修饰。如何简化形式、去掉多余装饰，同时还能突出重点、达到宣传的目的，非常考验设计师的功底。

图3-36 时尚简约风示例

（二）清新文艺风

关键词：清新、唯美、静谧、淡雅。

起初，清新文艺风是一种颇为小众的风格，现在已逐步形成一种亚文化现象，受到众多年轻人的追捧。这种风格作为一种理想的生活方式，展示出个人憧憬的美好意境，与人们追求天然、健康、新鲜、营养的农产品理念不谋而合，如图3-37所示。

图3–37　清新文艺风示例

（三）古典中国风

关键词：古典、古风、古韵、传统。

古典中国风建立在中国传统文化的基础上，蕴含了大量中国元素，包括水墨画、书法、剪纸、梅花、荷花、古建筑、唐装、京剧、中国结、古琴等元素，颜色多以白色、黑色或红色为主。在中国传统节日开展促销活动时，以古典中国风设计的店铺海报能散发出浓浓的节日气氛，如图3–38所示。

扫码可见
高清彩色图片

图3–38　古典中国风示例

（四）3D立体风格

关键词：立体、动感、炫酷、层次感。

3D立体风格海报具有比较独特的视觉体验，多用于文字主题的设计，通过立体效果的字体设计出一种空间感极强的画面，使人眼前一亮，显得更有冲击力。这种风格的画面感强烈，设计感也很高级，整个画面呈现出极强的层次感，能吸引消费者并使其产生欣赏整个空间画面的欲望，如图3–39所示。

图3–39　3D立体风格示例

课程思政

人类通过视觉、听觉、触觉、味觉和嗅觉这五种不同的方式来感知世界，其中视觉通常是人们接收外部信息和评价事物的主要手段。

全球品牌营销大师马丁·林斯特龙在其畅销之作《感官品牌》中指出：视觉和听觉这两种感官已经被广泛运用到市场营销的各个方面，而在感官品牌的所有研究样本中，有37%的人把视觉列为“最重要的感官”，23%的人认为嗅觉最重要，20%的人认为听觉最重要，15%的人认为味觉最重要，仅5%的人认为触觉最重要。

马丁·林斯特龙认为视觉是塑造品牌的第一印象，并从视觉方面分析了可口可乐品牌：可口可乐有着非常明确的品牌颜色——简单明快的红白搭配。该配色持续延伸到“Coca-Cola”的动态丝带字样、宣传海报和商标中，并通过红白的配色和简单的标识建立了一个独一无二的形象，风靡全球。另外，很多人不知道的是，穿着红白配色的圣诞老人，其实是在1931年由可口可乐公司聘请的广告插画师Haddon Sundblom（海顿·珊布）创作而来的。在这之前，圣诞老人穿的是绿色的衣服。而现在，几乎世界各地的圣诞老人穿的都是可口可乐的招牌色。

华盛顿大学神经学家艾森说过，整个大脑皮层的1/4，即大脑皱褶的表层用于视觉的多于其他感觉。对于普通人而言，视觉信息具有信息量大、速度快、整体性强等特点，并且具有检验其他感觉所获得的信息的功能。

模块二　相关知识

一、店铺首页视觉动线设计

线下商铺中，店家可以通过空间的布局或是商品的陈列与摆设形成视觉动线，引导消费者的行走路线与目光，而对于线上网店而言，虽然并不存在步行通道，但也同样存在着商品的陈列与布局，它主要是通过商品展示图片的摆放来体现的，目的在于引导消费者消费。

如果店铺首页中商品的陈列部分如果没有呈现明显的动线分布，那么通常情况下消费者都会不由自主地对商品的陈列进行“F”形浏览，如图3-40所示。

“F”形浏览动线如下。

第一步：水平移动。

消费者首先会对店铺首页第一排的商品图片从左至右进行水平浏览。

第二步：目光下移，水平移动范围缩短。

随后，消费者会将目光下移，快速浏览第二排商品图片，但此时消费者的耐心已经降低，其水平移动范围也会缩短。

第三步：垂直浏览。

规则的图片布局没有特别引人注目的亮点，消费者如果没有找到其感兴趣的商品时，其耐心便会大大降低，失去继续浏览的欲望，进而快速沿首页左侧进行垂直浏览。

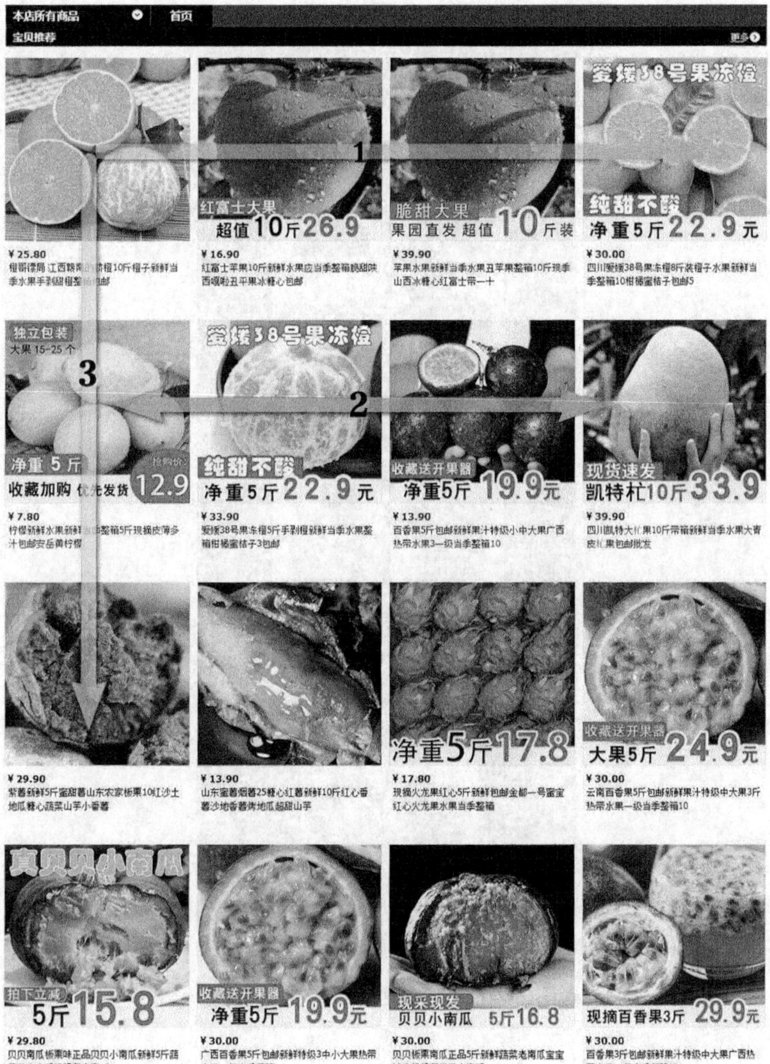

图3-40　“F”形浏览动线示例

如图3-40所示，图片布局过于规整会让消费者失去浏览的耐心和兴趣，“F”形的浏览习惯让很多商品被消费者忽略掉，因此，为了尽可能地提高流量的转化率，需要对消费者的浏览视线进行引导。此时，动线设计便能发挥一定的作用，其能打破规则的网格构图，改变图片布局，让图片形成动线，使枯燥的浏览变得有趣，也让消费者注意到更多的商品成为可能。如图3-41所示的图片布局则更富层次感，从一张图片到多张图片的布局也解开了习惯性“F”形浏览模式对消费者视线的束缚。

图3-41　动线设计浏览视觉动线

总而言之，对店铺首页中的商品展示图片布局进行设计，形成视觉动线，能够起到引导消费者浏览的作用，增加更多商品展示的机会，从而提高店铺的转化率。

二、详情页视觉设计的FABE原则

FABE原则是一种可操作性很强的利益推销法。简单地说，就是找出消费者最感兴趣的各种特征，并分析出这一特征所产生的优点，然后找出这一优点能够带给顾客的利益，从而顺利实现商品销售诉求的销售模式，如图3-42所示。

F代表特征（Features）：即产品的特质、特性等最基本功能，以及它是如何满足消费者的各种需要的。

A代表优点（Advantages）：即与同类产品相比较，该产品有什么优势，或者列出这个产品独特的卖点，其实就是直接或间接地向消费者提供更多购买的理由。

B代表利益（Benefits）：即商品的优势带给消费者的好处。一切以消费者的利益为中心，通过告知并强调消费者购买商品后能得到的利益、好处，能激发消费者的购买欲望。

E代表证据（Evidence）：包括第三方认证、技术报告、新闻报道、用户评价等相关证明文件，所有作为"证据"的材料都应该具有足够的客观性、权威性、可靠性和可见证性。

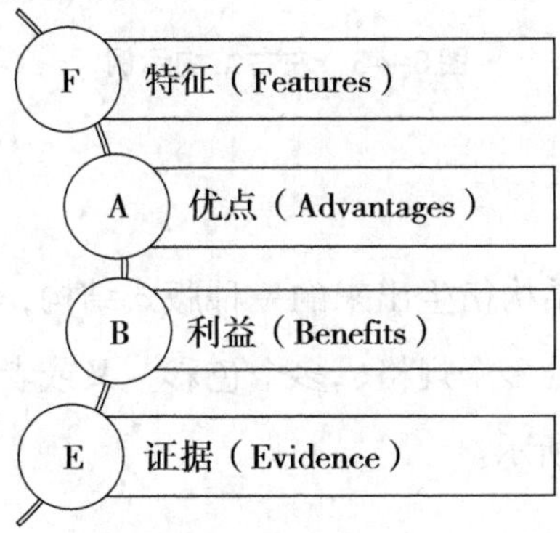

图3–42　FABE原则

FABE原则对于详情页视觉设计同样适用，通过以上四个关键环节来指导详情页的设计与排版，将更符合消费者需求与利益点的商品特色推荐给消费者，是最关键也最精确有效的商品推销方法。

三、店铺海报版式设计

海报视觉设计中，版式的选择影响着海报整体诉求的传达，不同版式的海报其视觉呈现冲击力不同，它是赋予版面审美价值的基础。海报版式多种多样，农产品常用的海报版式主要有以下几种。

（一）左右结构

左右结构的版式设计是最为常见的一类，几乎适用于所有品类、所有商品。其特点就是将商品和文案进行左右分列布局，如图3–43所示。这种版式中规中矩，不会出错，而且平衡感容易把控，最为典型。

图3-43　左右结构示例

（二）半包围结构

半包围结构是从左右结构衍生出来的一种版式结构，可用于一张图片上需要展现多个产品或是一个产品的多个规格、多个色彩，又或者是海报图所展示商品附带赠品的情景等，如图3-44所示。

图3-44　半包围结构示例

（三）上下结构

上下结构是将商品图片和文案上下放置，可以有效突出文案内容，层次感强，通常用于促销海报图设计，如图3-45所示。

（四）左中右结构

左中右结构是将商品图放置在左右两侧，文案内容居于中间。这样既可以突出文案内容又能同时展示多个产品，通常一边为近景一边为远景，或是一边是正面一边是侧面，用于对比和呼应，如图3-46所示。

图 3–45　上下结构示例

图 3–46　左中右结构示例

同步实训

一、实训概述

本项目实训内容为店铺视觉，学生通过本项目学习，应了解店铺视觉设计的基础知识与一般技能，能够独立完成店铺首页视觉设计、店铺详情页视觉设计，并掌握不同风格店铺海报的设计方法。

二、实训背景

实训开始前，学生首先了解以下实训背景，并以小组为单位展开实训操作。

百香果又叫鸡蛋果，因其果汁营养丰富，气味特别，可散发出香蕉、菠萝、柠檬、草莓、石榴等多种水果的浓郁香味，而被誉为“百香果”。百香果含有非常丰富的天然维生素C、维生素A、维生素B_1、维生素B_2等，另外还含有丰富的钙、磷、铁和多种氨基酸等物质，营养健康，深受人们喜爱。广西气候温和，四季分明，光照充足，雨量适度，具有春早、夏长、秋凉、冬暖、风速小等特点，年均气温17.5℃左右，属亚热带季风性气候区，非常适合百香果的生长。该地积极发挥地域优势，仅武鸣区就有好几个百香果生产基地。为了推广宣传当地的特产，某网店决定在2021年国庆期间进行一次促销活动，重新进行店铺装修，并将武鸣百香果（如图3-47所示）作为本次活动的主打新品进行推广，请学生以该网店视觉设计人员的身份，参与并完成此店铺视觉设计任务。

图3-47　武鸣百香果

三、实训任务

通过对实训背景的解读，请同学们根据本项目所学内容，以小组合作的形式完成如下实训任务。

1.完成该网店的店铺首页设计；

2.完成该网店的店铺详情页设计；

3.以国庆为主题、武鸣百香果为活动产品，设计一张店铺海报，风格不限。

四、实训步骤

学生可参考如下步骤完成实训任务。

步骤1：分析“武鸣百香果”产品特点及优势，挖掘其卖点；

步骤2：查找并学习淘宝、天猫等电商平台上同类店铺的首页及详情页设计，重点关注“武鸣百香果”的首页活动海报及详情页设计；

步骤3：确定此次活动的主题及风格；

步骤4：完成首页布局管理；

步骤5：设计店招、导航、焦点图，并完成首页装修；

步骤6：策划“武鸣百香果”详情页的设计思路，完成详情页设计，并进行切割；

步骤7：策划“武鸣百香果”的海报风格，并完成店铺海报设计。

第四章 产品视觉

学习引导

随着互联网的快速发展，电子商务让现代购物方式更加多元化，企业在网络上的竞争也日趋激烈，极具吸引力的视觉表现引起了消费者的越来越多关注，各种商品以及服务通过网站包装自己的形象，增强商品的好感度，在行业的竞争中脱颖而出，促使视觉设计人员在电子商务的应用中迅速崛起，致使立足于视觉设计的视觉营销得到了全面发展，以达成营销为目的，帮助营销人员获得竞争优势，并最终实现商品的成交。产品广告、产品描述的核心任务是与人产生共情，感染他们，让客户的思想和他的金钱靠近你的产品，并且远离你的竞争对手。而产品视觉设计就是消费者购物体验中的一个重要因素，产品视觉已成为建立产品与消费者之间亲密关系的重要环节，它可以直接影响消费者的购买欲望，影响企业的利益。

学习目标

☆知识目标

1. 了解产品视觉分析的因素；

2. 熟悉产品视觉设计与优化流程；

3. 认识爆款商品视觉设计的原则。

☆能力目标

1. 掌握产品视觉设计的方法与技巧；

2. 掌握爆款商品视觉设计的基本步骤。

☆思政目标

认识我国知名品牌农夫山泉的产品视觉设计变化历程。

项目情景

农村现代化建设一直是我国发展中的重要问题，影响着社会和经济的发展，目前我国大力推行乡村振兴、精准扶贫等策略以解决农村贫困问题。在农产品销售问题上，如何提高农产品销售效率，减少中间环节，也是一大难题，近年来我国推行农产品生鲜电商模式，通过直接将农户与市场进行对接，以此来解决农产品滞销和农户农产品销售困难的问题，同时可实现对贫困地区人民进行精准扶贫的目标，积极响应落实精准扶贫政策。小祥是农产品电商中的一员，他想通过电商模式提高自家沃柑的销量。小祥觉得自家沃柑的产品质量好，但小祥觉得自己做的图用来展示自家产品总是少点什么，因此他开始了产品视觉的学习，并总结了一些学习的内容。

模块一　任务分解

任务一　产品视觉概述

一、产品视觉介绍

在电子商务领域，买家通过视觉去感知产品的色彩、款式、体积、功能等，并获得对产品的基础认知信息，很大一部分的产品外界信息通过视觉获得，视觉是买家能否购买产品的第一影响因素。所以，一个好的产品视觉设计不仅仅要从观感上吸引消费者产生购买行为，还要从心理上捕捉消费者的兴奋点与购买欲。

优秀的产品视觉效果是最具性价比的推广工具，当消费者看到感兴趣的产品时，第一时间就会通过外观、产品细节、产品整体包装、品牌来判断产品的优劣，产品视觉就应是钻石级销售员，用最吸引人的产品视觉来吸引和留住消费者，让消费者在众多竞品中为它买单。

二、产品视觉设计要点

随着人们审美水平的提高，一款产品的视觉感受已经成为是否能获得青睐的重点，这使产品视觉设计不再满足于简单的信息传达，更要求能够体现出产品的品牌感、内涵和受众的视觉效果。

产品的外观视觉可以说是消费者接触一个产品的最初步骤，提升产品的视觉体验能更好地引起消费者的注意，提升消费者对产品的关注程度，从而升华产品的内涵和文化品牌感。

产品视觉设计要点主要有以下几个方面。

（一）视觉趣味性设计

对于一个产品视觉设计从最初策划到落地执行，都是经过深思熟虑的结果，优秀的产品视觉通常是充满趣味性的，能吸引消费者的，而最终到视觉设计师手上，也需要通过视觉来展现这一有趣的效果。如使用颜色使产品的视觉更具趣味和美感，如图4–1所示。

扫码可见
高清彩色图片

图4–1　产品视觉趣味性设计示例

（二）视觉留白设计

产品设计是否舒服，其一要看色彩，其二在于留白。画面过于满，不见得是好事，留好合理的空间，不至于有压抑和烦琐的感觉，所以视觉留白设计是必不可缺的，如图4–2所示。

图4-2　产品视觉留白设计示例

图4-2的沃柑设计在留白上做得合理，没有文字描述，也没有过多的背景铺垫，简约的背景处理，重点突出产品本身，空间上留有更多的区域，不仅没有浪费，反而更好地体现了产品特色：饱满多汁、自然香甜。

（三）凸显产品特点风格设计

在体现产品的高水准的时候，设计师通常会用更深邃的背景来表现，更强的质感，更亮眼的点睛色，以此达到一种凸显商品特色的效果，如图4-3所示。

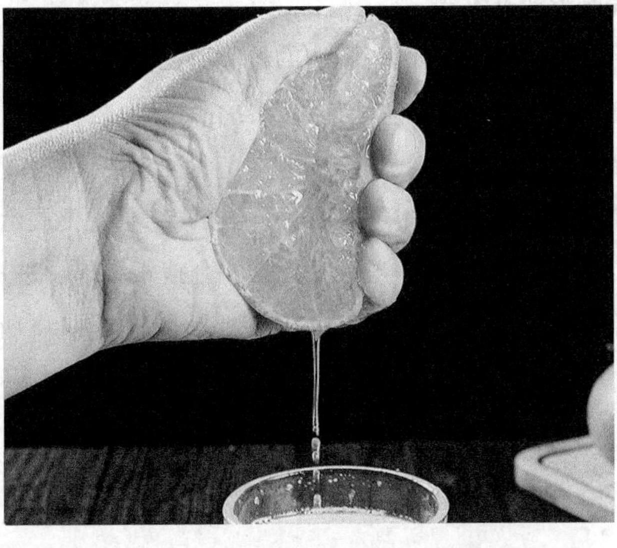

图4-3　凸显产品特点风格设计示例

暗色的背景凸显了沃柑汁水的饱满，汁水的动态感跃然图上，使得信息传递直观，视觉清晰大气。

（四）注重细节的打造

为了让设计达到更高水准，体现更好的视觉氛围，一定要注意细节方面的处理，色彩的合理搭配，对比的张弛有度，字体的合理选择，元素间距的细微把握，统一有序地图标设计，等等。细节无法做到高标准，再怎么凸显氛围，再怎么独特的排版也是徒劳无功。

任何产品设计都是为消费者服务的。设计是用以解决问题，创造价值，而明确的产品定位才能有更高价值的设计，才能达到更好的产品视觉效果。

任务二　产品视觉设计优化

小祥打算先从主图设计入手，因为主图是产品的流量入口，对引流与销售至关重要，一张好的主图可以为网店运营节省大量资金和精力。

一、产品主图所包含必要因素

（一）产品主图策划

1.确定主图呈现形式及方式

在各种网店图片中，产品主图是网店的核心所在，它不仅是一个产品的展示，更是网店气质最直接的体现。目前淘宝网店的主图分为两种形式，一种是静态主图，另一种是动态视频主图。

买家在搜索栏搜索“广西沃柑”，所得到的搜索结果主要展示商品主图、商品标题和商品价格，如图4–4所示；当买家点击一个搜索结果，进入产品详情页面，在第一屏的左侧位置会展示商品详情，包括视频展示（如图4–5所示）和图片展示（如图4–6所示）。

图4–4　淘宝搜索结果页面

图4–5　视频展示

2. **确定主图版式**

主图常用的版式有左右排版、中心对称、中心围绕、上下排版等，根据产品不同和主图不同有不同作用（直通车主图、普通主图、活动主图等），采用不同的排版方式。

作为水果类产品的主图应以水果照片为主，通常采用中心对称式构图，如图4–7所示。

图4-6　图片展示

图4-7　中心对称式构图示例

3.确定主图配色

图片色彩的运用对主图整体设计十分重要，配色包括文字颜色及图片用色。通常情况，文字要根据产品颜色来定位，选择同色系或者互补色，主图配色主要通过以下几个步骤完成。

第一步：分析竞品。用最热门的关键词搜索宝贝在页面的位置，以“广西沃柑”为例，确定广西沃柑在页面的位置。

第二步：用色有别于其他卖家。先确定自己产品的主色调，在确保自己主图画面和谐美观的前提下，再区别于其他商家的主图才是明智之举，以下为两种配色技巧。

①根据产品的颜色，可选择同色系、邻近色、类似色、中差色、对比色等基础配色方案进行配色。

②然后通过调整颜色、冷暖、纯度、明度等与其他产品图区分开来。

如图4–8所示，相比与其他两张主图，第一张主图颜色更亮，从色彩上来说，买家更容易被颜色偏亮的产品吸引。所以，在制作主图时先要和其他商家的主图从颜色上进行对比，如果多数主图是淡色系，可以采用深色系的色调吸引买家，反之可以采用淡色系设计主图。

扫码可见
高清彩色图片

图4–8　与其他商家产品图颜色进行对比

第三步：文字的用色不要超过三种，以两种或者单色为主。

4.确定文案排版

水果类产主图中的文案排版主要有横式/竖式/横竖混排式和倾斜式。

（1）横式/竖式/横竖混排式排版。

横式排版：文案信息单行或者最多两行为宜，如图4–9所示。重点是文字大小和颜色的变化，文案字号偏大，颜色较整个画面要突出，次要信息可做点缀或者是补充，在突出整体画面的同时，做到灵活多变即可。

图4-9　横式排版示例

竖式排版：多用于传统产品设计排版，如图4-10所示。

图4-10　竖式排版示例

横竖混排式排版：产品主图的文案采用横竖两种混排方式进行排版，如图4-11所示。横竖混排式排版是水果类极为常用的排版方式，但要注意文字不要喧宾夺主。

图4-11　横竖混排式排版示例

（2）倾斜式排版。

倾斜式排版视觉效果是非常直接的，有视觉冲击力，倾斜角度不要超过45°，否则影响视觉效果。如图4-12所示，主图的文字采用的是倾斜式排版，视觉效果非常具有冲击力。

图4-12　倾斜式排版示例

（二）主图细节特写规划

细节体现品质，做好产品细节，才能获得青睐。站在买家的立场，将买家最关注的细节展示出来，能够让买家更真实地了解到产品的实际品质。尤其是水果，切面的展示尤为重要。好的细节图可以促进成交转化，减少售后纠纷，同时还会对店铺和宝贝的搜索权重有促进作用。

（1）5张宝贝主图。5张宝贝主图包括产品正面图、背面图或者切开图或者底面图、设计细节图一、设计细节图二、设计细节图三。主图要求同款，图片为正方形，尺寸800px × 800px，全部支持放大镜功能（如图4–13所示），考虑空间及浏览显示的速度，图片像素建议设置成700KB。

图4–13　产品放大镜示例

（2）在商品详情页的主图展示中，将第一个位置展示的主图称之为“首图”，首图的设计应该突显出产品的活动特色，力求在最短的时间内吸引买家，留住买家，如图4–14所示的某店铺首图，突显出“武鸣沃柑”品牌性的同时还展示出了产品的售卖规格。

图4–14　首图展示

（3）设计细节展示清晰，可以近距离拍摄，如图4–15所示。

图4–15　细节展示图示例

二、主图设计优化技巧

一张好的产品主图是能将卖家明确的产品服务信息、鲜明的产品主题，以醒目的视觉效果以及准确的营销意图传达至买家。

（一）主图风格确定

在制作产品主图前，要先确定自己店铺的风格，再根据店铺的整体风格进行页面搭配。店铺风格的确定可以先通过寻找符合预想风格的店铺进行观察，如学习竞品或者排名靠前的产品店铺的展示方法和文案，如图4–16所示，并总结出一套适合自己店铺的方案。

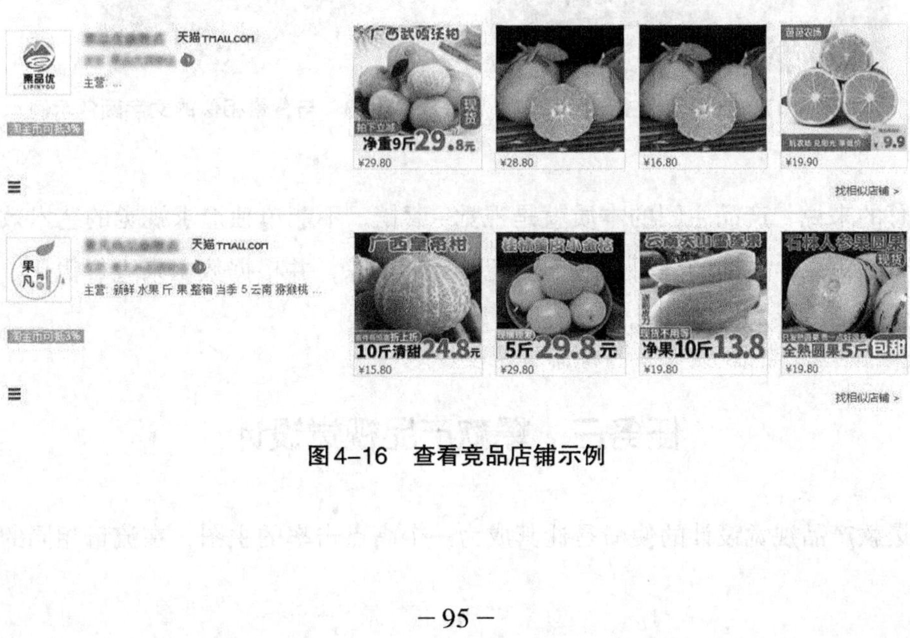

图4–16　查看竞品店铺示例

（二）主图素材拍摄

优质的实拍图是做出能吸引消费者主图的基础，在进行拍摄的时候拍摄角度很重要，拍摄角度的选取会直接影响拍摄效果。在进行图片拍摄时，不要直接对准产品，一般最佳的呈现角度为15°～30°，或者45°，俯拍也是一个不错的角度。拍摄的时候尽可能把产品做出差异化的感觉，这样就能从众多的同质化图片中凸显出来。

（三）主图文案

（1）不是所有的文案都适合放进主图里，冗余的文案可能会让产品变得难以识别，反而影响其展现效果，如图4–17所示。

（2）产品图片和营销文案设计上要保持调性统一，配色上要协调，如图4–18所示，文案与背景做了融合，主色调以沃柑的橙色和叶子的绿色为主，保持了调性的统一。

图4–17　文案冗余主图示例

图4–18　与背景相似的文字颜色示例

总的来说，产品主图的本质就是视觉＋营销，不能单独追求视觉的艺术效果而抛弃营销效果，主图的效果到底如何还要后期追踪，并根据数据来进行优化，学会洞察市场，跟着市场去决定方向。

任务三　爆款产品视觉设计

爆款产品视觉设计的使命是让其成为一个高点击率的主图，在流量相同的条件下，转化率越高，产品的销量也相应较高。同等转化率的条件下，流量越大，销量越大。所以流量和转化率是一个店铺能够存活下去的两个最重要的因素。而流量又取决于点击率，所以点击率对于流量是一个很关键的数据。而影响点击率的因素之一就是主图，同时现在手机端的主图又对转化率有很大影响。所以小祥除学习了产品主图的基础知识，还要继续学习怎么为自己家的主打产品进行针对性主图设计，所以下面就来介绍一下，一个高点击率主图应当如何制作。

一、爆款产品主图特征

一般产品的主图设计要求：主图简单清晰。以款式为主的产品能够完全看清楚产品的样子，功能性的产品则能够将功能表达清楚。而爆款产品的主图特征如下。

（一）产品主体要突出

产品主体一定要清晰，占比一定要高，一个主体突出的主图会给消费者最直观的感受，直接锁定这款产品就是他所需要的。如图4–19所示。

图4–19　产品主体突出主图示例

（二）与产品的主关键词、大流量词保持一致

每个消费者搜索关键词都是带着目的的，比如消费者搜索红心火龙果，他就是要红心的火龙果，不要白心的；搜索车厘子，小樱桃会直接无视。所以尽量让主图与产品的主关键词、大流量词，特别是成交词一致。如果主词是武鸣沃柑，那么主图就是农产品方向。

（三）体现产品的核心属性词

主图不是越美观越大气越好，而是要体现产品的核心属性词。比如关键词是武鸣沃柑，那应当在主图上直接标明产地“武鸣”并配以武鸣沃柑的图片。主图上表达了消费者最想寻找的东西，点击率自然不会低。消费者搜索的关键词往往表达出其直接的意愿。

（四）主图文案要直击消费者需求

产品的卖点不宜过多，只需展现核心卖点即可。产品的核心卖点要以显眼的方式展示在主图上，主图的文案也要充分考虑消费者的感受，尽力抓住消费者眼球。如很多家长都会担心小朋友躺着喝水的时候水杯会漏，如果儿童水杯的主图文案中写“躺着喝也不漏”，可能会很好地激发家长的购买欲望。

（五）避免无价值的文案出现在主图上

打开淘宝平台搜索，会发现很多宝贝把一些意义不大的文字放在主图上，如图4–20所示。还有一些自以为高明有趣的文案，其实消费者是很难看懂的，所以要尽量避免主图上出现无价值的文案。消费者需要的是直观，而不是还要思考。而且文案过度就成为“牛皮癣”，会影响淘宝平台的推荐。营销学上的三秒法则，就是消

图4–20 无价值文案主图示例

费者看到你的宝贝最多给三秒做决定，是忽视还是停留，三秒钟根本看不了太多的文案。所以不要在主图上同时突出太多的卖点，不得不加的卖点可以缩小，合理地进行排版。

（六）做迎合固定消费者的主图

店铺的产品主图更多的是为了迎合店铺目标消费者需求，消费者数量众多、偏好的类型也各不相同，店铺主图设计无法做到迎合所有消费者的需求，因此主图的设计要能精准锁定目标人群，从而为店铺带来较高点击率。

二、爆款产品主图要素

（一）主图背景要明显

电商平台宝贝主图在展示的时候是跟其周围的宝贝在竞争，为了吸引消费者注意，需要在主图的背景上下功夫，应突出宝贝主图背景，能够产生视觉冲击，更容易获得关注。其他宝贝都用浅色背景，那么为了突出就要用深色背景，如图4–21所示。

图4–21　背景明显示例

（二）产品性价比得以体现

让消费者不用过多思考就立即下单的最大的诱因通常是超值的性价比，所有的购买都来自心理价位的落差。

如果你锁定了一条售价800元的连衣裙，考虑再三还是没有购买，但是突然在一家店铺中，同样的连衣裙，一系列的折扣、优惠券折算下来只需要300元，那么消费者大概率会果断购买。这个时候心理价位落差是最高的，性价比也是最高的。

心理价位越高，实际价位越低，中间的落差就越大，购买欲望越强烈。“主图”就是帮助消费者建立心理价位的。

（三）产品卖点要清晰

当买家成功被宝贝主图吸引，点击进来查看的时候，就是需要有技巧地展现宝贝的卖点和亮点的时候了，最好是可以从宝贝的详情页里做到引起消费者共鸣，然后激起消费者购买欲，将消费者的需求给予很好的诠释，建议将最能够吸引消费者点击的宝贝卖点放在主图上，从而实现较高的点击率。

（四）视觉创意的体现

一个好的创意是能够让消费者浮想联翩的，也是最能够打动人心的，当我们找到能够吸引消费者的卖点并进行优化创意，这样可以很快提升点击率。如图4-22所示为沃柑的吸管创意示例。

图4-22　沃柑的吸管创意示例

三、爆款产品主图制作策略

（一）模仿策略

模仿就是照猫画虎，但想要画得好也是要讲求方法。第一步，将同款产品或者类似产品高点击率的图全部截取下来；第二步，详细解析高点击率主图的构成元素；第三步，总结罗列元素的共性；第四步，最终作图时把共性元素组合使用并进行图片测试，图4-23概括了上述步骤。

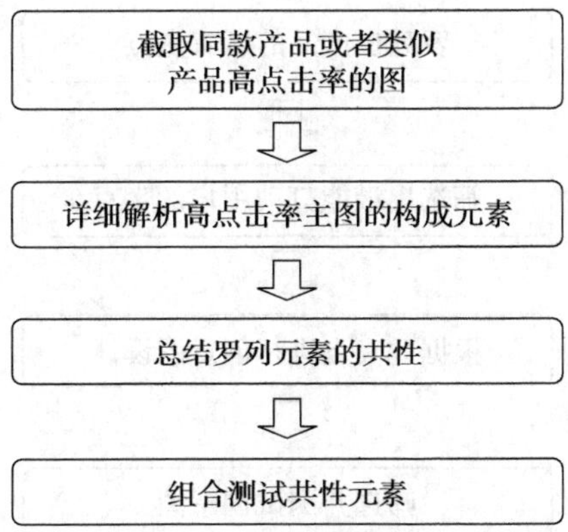

图4–23　模仿策略实施流程

（二）卖点放大策略

我们知道，爆款主图上的卖点要直击眼球，那怎样找卖点呢?

（1）从产品本身寻找卖点：产品的形状、原材料、大小、颜色、功能组合、味道、重量、独特风格、技术优势。

（2）从服务层面寻找卖点：最优质的送货服务、最专业化的服务、产品在安装方面的服务、免费咨询服务。

（3）从文化概念层面寻找卖点：新品类卖点、独特目标市场区隔卖点、核心产地卖点、有个好故事卖点。

（4）其他层面寻找卖点：高质高价卖点、低价热卖卖点、渠道优势卖点、客服卖点。

（三）创意策略

以吸引精准流量为目的进行另类的创意方式，这个方法常见于各种小众类目，罗列和筛选产品卖点的方法如图4–24所示，但与把产品卖点进行深度提炼有所差别。如图4–25所示，把沃柑从中间切开，呈现出似花瓣般的切面造型，并展示出饱满的果粒。如图4–26所示是沃柑在树上的切面展示，意在表达“新鲜看得见”。如图4–27所示为沃柑果心的展示，意在表达“好吃跃然眼中”。

罗列出产品的所有卖点

⇩

筛选出最能打动用户的卖点

⇩

根据此卖点进行创意图设计

⇩

筛选并测试创意图

图4-24 创意策略流程

图4-25 “花瓣”切面展示

图4-26 树上切面展示

图4-27 果心展示

课程思政

随着国家的繁荣发展，设计同步进入一个重视增强我国文化自信的新阶段。中华文化自古博大精深，进一步理解且运用中国传统文化元素不仅可以有效地提高市场竞争力，在对外输出时更能展示我国的文化内涵与形象。设计的民族话语体系在于文化的自信，在设计中不仅要继承我国的传统文化，也要加以创新、发扬我国的传统文化。农夫山泉品牌CIS（Corporate Identity System，企业形象识别系统）经历了漫长的演变过程，通过对农夫山泉CIS的深入研究，可以明显看出农夫山泉的设计演变在不断进行自我革新，从这些演变过程中，也愈加能够反映我国文化自信的回归，中国现代设计在国际舞台上日渐彰显着中国文化的独特魅力。

农夫山泉高端水系列的瓶装设计（如图4-28所示）由英国Horse设计工作室完成，该设计还荣获设计界的奥斯卡Pentawards（全球包装设计大奖赛）铂金奖。极简优雅、晶莹剔透的瓶子在使用了东北虎、梅花鹿、鹤、松树等图案包装下的成品，放在客厅当装饰品都不为过。

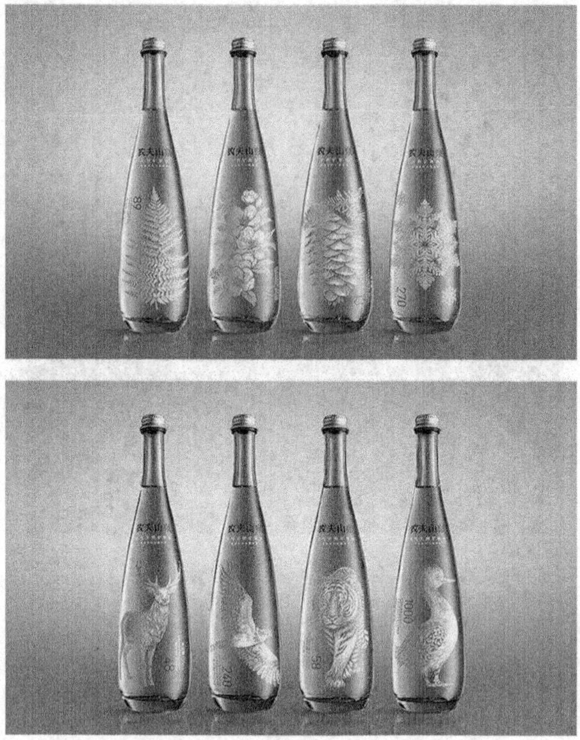

图 4-28　农夫山泉高端水系列瓶装设计

学生饮用水系列，以长白山春、夏、秋、冬为主题，打造了梦幻童话般的视觉效果，瓶装设计如图4-29所示。

图4-29　农夫山泉学生饮用水系列瓶装设计

农夫山泉从产品本身到包装设计，一直在注重创新，并及时地融合时下流行元素，特别是在设计上更是让我们看到了不一样的“农夫山泉”。在设计理念中，把我国优秀的传统文化精髓与国外优秀的设计理念、先进技法加以融合发展，其产物会使设计作品不仅在外光鲜亮丽，在内更富含深厚的文化底蕴。在文化自信的大氛围下，设计师们要设计出富含当代中国优秀特质的设计作品，迎合时代发展规律，做出具有文化自信的设计。

模块二　相关知识

一、产品主图设计

（一）产品主图的作用

主图是买家通过搜索后看到产品的第一张图，其质量决定了消费者的关注程度，并影响消费者是否通过所看到的主图点击进入网店。

（二）产品主图设计逻辑

产品主图的三个主要构成要素——产品主体、主图背景及信息填充。若要充分运用这三个元素提升视觉营销力，就要把握两个设计要点：主体优先、点击优先。主图中文字信息不能遮挡产品主体，除此之外，不当的主图背景也会干扰产品主体的展示，无法使消费者很好地对产品主体进行浏览，从而降低宝贝主图的点击率。

（三）产品主图规范

不同的平台设计规范有所不同，作为视觉设计师要在开展设计前了解清楚是为哪个平台做产品主题设计，严格按照平台规范设计，避免出现无法使用的情况。以下是不同平台的产品主图设计规范。

1.淘宝平台产品主图设计规范

淘宝平台产品主图包含主图视频与5张主图图片，其中第5张为白底图。

（1）产品主图视频规范：

①时长：60秒以内，建议9～30秒。

②尺寸：建议1∶1或是16∶9，有利于消费者浏览体验。

③内容：突出产品1～2个核心卖点，不建议使用电子相册或PPT图片翻页视频。

（2）产品主图规范：宝贝主图大小不能超过3MB；700px×700px以上图片上传后，宝贝详情页自动提供放大镜功能。

（3）产品白底主图规范：

①图片尺寸：正方形，图片大小为800 px×800px。

②图片格式为JPG，图片大小需大于38KB小于300KB。

③无Logo、无水印、无文字、无拼接、无“牛皮癣”、无阴影。最好将素材抠图、边缘处理干净。

④图片必须是平铺或者挂拍，不可出现衣架、产品吊牌等。

⑤产品需要正面展现，不可侧面或背面展现。

⑥图片美观度高，品质感强，产品展现尽量平整。

⑦构图明快简洁，产品主体突出，要居中放置。

⑧每张图片中只能出现一个主体，不可出现多个相同主体。

⑨图片中产品主体完整，撑满整个画面不要留白边。

2. 天猫平台产品主图设计规范

天猫平台产品主图必须为实物图，且必须达到5张；服装类目产品的主图必须达到6张。

产品主图规范：

①每张图片≥800 px×800px，且宝贝竖图的尺寸≥800 px×1200px。

②主图不得拼接，不得出现水印，不得包含促销、夸大描述等文字说明，该文字说明包括但不限于秒杀、限时折扣、包邮、打折、满送等，商标所有人可将品牌Logo放置于主图左上角，大小为主图的1/10；母婴服饰类目产品仅第2张主图需满足上述内容。

3. 京东平台产品主图设计规范

京东平台产品主图针对不同规格产品需要各设计5张不同视觉图，如水果类产品，各颜色下需要设计5张不同主图，第1张必须使用纯白色背景图。

产品主图规范：

①产品主图图片≥800 px×800px，需要5张（不同视角，如正面、侧面、反

面、产品细节图等，必须有一张产品主体正面图片）。第一张必须使用纯白色背景，图片质量要清晰，不能虚化，图片要保证亮度充足，能够直接通过图片看清产品细节。

②京东产品主图中不可以有大面积的黑投影和反射的任何事物，比如拍摄者的人物投影，如果是金属质感的产品，就要特别注意这些方面，而且图片所示的产品颜色、规格等必须与产品在京东商城展示文字介绍一致。

③产品图片中不得有任何与产品本身无关的内容（包含文字或图形），诸如产品价格、产品生产企业、产品品牌、日期、其他网站Logo等文字性描述或图形。

④京东商城产品五张主图格式支持JPG、PNG和GIF。

⑤要求宽度不得超出740px。

⑥以白色背景拍摄的图片要求背景为纯白色，使用其他颜色背景和道具拍摄时，一定要以被摄产品为出发点，整体把握图片色调及构图。

4. 拼多多平台产品主图设计规范

拼多多平台可以上传10张图片作为主图，以下是拼多多主图的设计规范。

产品主图规范：

① 尺寸750px × 352px，大小在100KB以内，仅支持JPG和PNG格式。

② 图片背景建议以纯白为主，但不强制为白色，产品图案居中显示。

③图片不可以添加任何与品牌无关文字或Logo。

（四）产品主图优化技巧

（1）重新拍摄产品主图。如果淘宝网上已经有很多同行使用同一张图片作为产品主图，就需要重新拍摄产品主图，以避免雷同。

（2）对产品主图进行色彩、光线等调整。

（3）重新挖掘产品特点、卖点，编写亮点文案、营销文案，制作图文排版美观的产品主图。

二、活动图片设计相关知识

（1）背景需要干净整洁。

（2）主图必须可识别，清晰不虚化，不要拼图，不能有“牛皮癣”。

（3）图片颜色不失真，不能曝光过度，不能有暗角。

（4）网店装修要突出主题，如展现“天猫双11购物狂欢节、淘宝嘉年华”的Logo、元素。

三、详情页设计相关知识

（一）详情页设计思路

详情页设计的基本思路：引发兴趣→激发潜在需求→产生信任，引导购买→信赖到占有→打消疑虑，促进成交（如图4-30所示）。

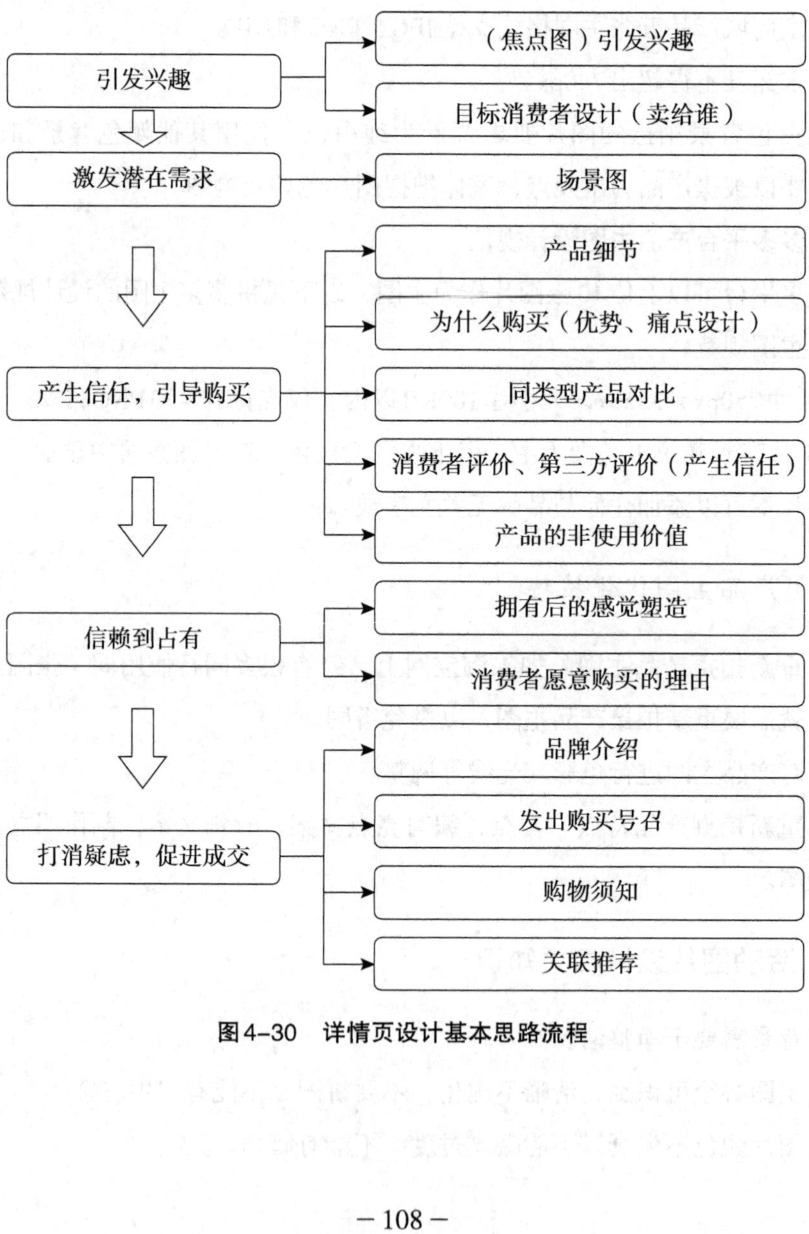

图4-30　详情页设计基本思路流程

（二）详情页遵循的基本原则

详情页设计时要遵循一定的基本原则，具体的基本原则及内容如表4–1所示

表4–1　详情页设计基本原则

基本原则	内容
信息图像化	大量的文字堆砌，能让人记住的信息量只有20%；图文结合的方式经过大脑处理后所能记住的信息点就会多很多。所以，详情页面的描述信息尽量使用图像化展示
高效地表达	详情页的表达要清晰、简明。图片不要整张长图上传，切分成小图上传，要保证页面打开速度，要避免因为页面载入时间太长，造成消费者流失，影响销量
展示核心购买点	对自己的商品能满足消费者的需求进行清晰展示，不同的商品，消费者的关注点各不相同

（三）详情页图片规范

1.淘宝电脑端（PC端）描述

① 图片宽度≤750px，图片高度未限制（不建议太高，以免导致消费者打开页面时出现卡顿）。

② 图片大小≤3MB，仅支持JPG、JPEG、GIF、PNG格式。

③ 文字字数≤25000字。

④ 源代码≤200000字符。

2.淘宝手机端（无线端）描述

① 480px≤图片宽度≤1242px（手机端图片宽度建议上传750px），0＜图片高度≤1920px。

② 图片大小≤10MB。

③ 文字字数≤5000字。

④ 摘要≤140字。

⑤ 音频大小≤200KB，仅支持MP3格式。

同步实训

一、实训概述

本项目实训为网店农特产品主图制作，学生通过本项目学习，能够掌握网店农特产品主图设计的构图、色彩、光线的基础知识与一般技能，能够独立完成产品主图的设计。

二、实训背景

实训开始前，学生首先了解以下实训背景，并完成实训操作。

武鸣沃柑（如图4–31所示）是广西壮族自治区南宁市武鸣区的特产，是柑橘类商品中的上品。目前武鸣区种植沃柑约30.8万亩（约205.3平方千米），种植面积在全国数一数二。近年来，武鸣区通过统一管理模式、打造品牌、打通销售渠道等方式，促进沃柑产业的高质量发展，让“中国沃柑看武鸣”不只是一句口号。某网店决定将武鸣沃柑作为下一季度主打新品进行推广，在产品上架前需要对产品主图进行设计，请以某水果网店的视觉设计人员的身份，完成此次产品主图的设计任务。

图4–31　武鸣沃柑

三、实训任务

通过对实训背景的解读，请同学们根据本项目所学内容，完成实训任务：对“武鸣沃柑”的产品主图设计。

四、实训步骤

学生可参考如下步骤完成实训任务。

主图调研步骤：

步骤1：分析“武鸣沃柑”产品卖点。

____

____

____

步骤2：调研淘宝平台、天猫平台、京东平台上关于“武鸣沃柑”的商品主图内容，各找一张觉得好的主图，并说明其设计优点，填写表4-2。

表4-2　　淘宝、天猫、京东平台“武鸣沃柑”主图分析

调研平台	采集主图	设计优点
淘宝		
天猫		
京东		

步骤3：进行产品主图设计，完成设计构思。

____

____

____

步骤4：使用Photoshop完成产品主图制作。

第五章　文案视觉

学习引导

在“内容为王”的时代，越来越多的商家开始重视文案的力量。如何通过营销文案在有限的时间内清晰传达产品的关键信息，引发消费者的关注及购买欲望，是每个文案工作者的共同目标。在实际运用过程中，将文案视觉化，能增强消费者在表象、记忆与感情等方面的反应强度，更方便文案快速传播。

学习目标

☆知识目标

1. 了解文案视觉的类型；

2. 熟悉文案视觉的设计流程。

☆能力目标

1. 掌握文案视觉的设计要点；

2. 掌握文案视觉的实际方法。

☆思政目标

了解设计中的侵权的判断标准。

项目情景

因肉质脆嫩、汁多香甜，武鸣沃柑被誉为“贵族水果”，深受消费者的喜爱。2020年，一场突如其来的新型冠状病毒肺炎疫情，使沃柑销售滞销，果农们忧心忡忡。为了化解困境、提高销量，果农老王决定借助农产品电商的大好形势来进行营销推广，然而效果并不理想。爱心助农工作人员建议老王将文案视觉化，以增强文案的说服力和鲜活度，从而推动用户的购买行为。为此，老王让儿子小王学习了文案视觉的相关知识，并归纳出以下内容。

模块一　任务分解

任务一　认识文案视觉

一、文案视觉化的重要性

小王是广西武鸣沃柑果农，他想借助农产品电商的大好形势来进行产品的营销推广，在效果并不理想的情况下，小王决定将文案视觉化。首先他必须了解为什么要将文案视觉化，即文案视觉化的重要性。

所谓文案，即在既定的方向和概念的基础上，发挥想象与创意，以文字的形式将企业的商业策略、品牌的诉求或是产品的卖点生动地表达出来。而文案视觉化，则是指对文案进行视觉加工，使其更具画面感和联想性。电子商务中文案视觉化的重要性主要表现在以下几个方面。

（一）降低认知负载，易于理解

人们习惯于用固有的认知结构去理解新事物，这个过程处理的信息越少，并且与已有知识经验越相近或者联系越多，就越容易理解。对于消费者而言，如果需要花费时间和精力去思考一个营销文案所要表达的内容和意境，那么他们大概率会放弃。因此，文案视觉设计应讲求2秒原则，即电商平台宣传文案只有2秒的生存时间，2秒内没有吸引到消费者，消费者几乎就不会产生购买行为，如果页面文案表达不清晰，就容易丢失潜在消费者，此时，快、准、狠的传达极为重要。

消费者依靠文案去了解产品信息，在快消费时代，如何有效降低消费者的认知负载，使文案传达更加简洁有力、通俗易懂。

例如，某农产品文案“今天在树上，明天在路上，后天在你舌尖上”，不仅体现了现摘现发的新鲜，还间接传达了店铺物流的时效保证，并且极具画面感，使消费者舌尖上似乎已经萦绕着该农产品的味道了。

再比如关于沃柑产地的介绍：位于广西武鸣，属于亚热带季风气候，雨量充沛，土壤肥沃，日照时间长，果园位于高山之上，周边无工业污染，树上自然成熟，不染色、不打蜡，天然健康。实际上，广西武鸣作为中国柑橘之乡，将其作为一个卖点也无可厚非，但是作为营销文案，这段介绍略显累赘，且消费者也不一定了解亚热带季风气候对于沃柑的生长有何影响。因此解决的办法有两个，一是提取重点，如图5–1所示；二是进行拆分，如图5–2所示，从而降低有效信息传达的时间和难度，更容易被消费者接受。

图5–1　重点内容提取示例

（二）使产品更具说服力

在电商领域，文案的存在是为了传递关键信息给消费者，最终依靠文字的力量说服消费者购买产品。因而文案应该直击消费者内心，不同的文案适用于不同的场景和用途，适用的方法和理论也不同。例如，图5–3“甜掉牙　不管镶”、图5–4“咬一口　汁水泛滥”主要是为了体现出沃柑的香甜与多汁，文案视觉化使其更具说服力和鲜活度。

图5-2 内容拆分示例

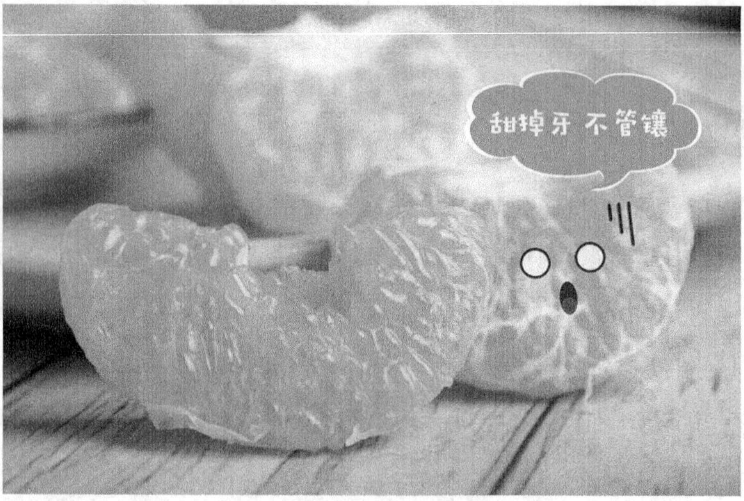

图5-3 体现香甜示例

图5-4　体现多汁示例

（三）加强用户记忆，便于传播

认知心理学关于人脑思维有这样一个结论：人的大脑不喜欢抽象的、陌生的事物，喜欢具象的、鲜活的事物。换句话说，越是简单、越是熟悉、越是有画面感的内容，人们的记忆越深刻。而视觉化了的事物，更容易增强人们认知过程中的反应强度，也更符合我们认知新事物，进行记忆存储的特性。

例如，沃柑营养丰富，食用方法多样，既可以鲜食，也可以榨成果汁，与蜂蜜一起饮用，还可以做成沙拉或者水果罐头；此外，将沃柑做成果冻、蛋糕或是糖果，口感也非常不错。这段关于沃柑食用方法的文案介绍，尽管很全面，但消费者很难全部看完，更不容易全部记住，因此，可以利用图文结合的方式，加强用户的记忆，便于口碑传播，如图5-5所示。

图5-5　加强用户记忆示例

二、文案视觉的主要类型及设计要点

经过前面内容学习，小王对文案视觉有了初步的了解，并认识到了其重要性。为了做好武鸣沃柑营销推广的文案优化，他还需要熟悉文案视觉的类型，以更好地匹配不同的场景和用途。具体来说，文案视觉的类型主要包括品牌文案视觉、产品文案视觉、营销文案视觉和活动文案视觉。

（一）品牌文案视觉

品牌文案视觉，即通过文案视觉化赋予品牌特殊的情感，加深消费者对品牌的认知与理解，传递品牌理念和产品诉求，展现品牌的魅力。所有的品牌都应该重视品牌文案的创作与传播，从而依靠品牌来驱动推广，如图5-6所示。

图5-6　品牌文案视觉示例

设计品牌文案视觉时，如何才能突出“品牌感”？

1. 嵌入品牌名称

嵌入品牌名称，顾名思义，就是把品牌的名称融入文案中，成为文案的组成部分。

品牌名称作为一个独特的名称和专用名词，可以区别于其他同类和竞争者，而且在搜索上也占据了优势地位。嵌入品牌名称文案的不断展露和深入推广，能深化消费者对品牌的认知、记忆与传播。但是通过这种方式来设计文案，并不意味着简单地在某个位置放个名称就可以了，必须要有其存在的逻辑，要么简单明了、通俗易懂、读起来朗朗上口，要么一语双关，凸显品牌名称的更深层次的含义。

2.传达品牌文化

赋予品牌深刻而丰富的文化内涵，并充分利用各种强有力的途径进行传达，一旦形成消费者在精神上的高度认同，将带来强烈的品牌忠诚度，从而赢得稳定的市场，大大增强企业的竞争能力。

3.呈现产品特色

文案不必直接表达产品有多好，与同类产品相比，选取最具差异化或者最有优势的某一个属性，作为产品的核心诉求点，然后通过文案视觉化处理，突出自己的与众不同，从而取得品牌的竞争优势。例如，某柑橘品牌文案“橘生山海间·味道自然甜”，既突出了产地优势，又强调了产品特色。

4.讲述品牌故事

为文案融入一个走心的故事，不管是关于产品、创始人、消费者还是其他，只要跟品牌的价值、精神相关都可以。讲述品牌故事容易引发消费者的共鸣，形成话题，并且易于多次传播。讲故事不只是在讲，更是品牌无形的承诺。

（二）产品文案视觉

在电商领域，产品的介绍必不可少。消费者需要通过图片感知产品的大小、颜色、材质等外观属性，通过文字获取产品的特点、优势、用途等功能属性，二者巧妙结合，才能使信息有效传达，更能达到刺激消费的视觉效果，这也正是产品文案视觉的意义所在，如图5–7、图5–8所示。

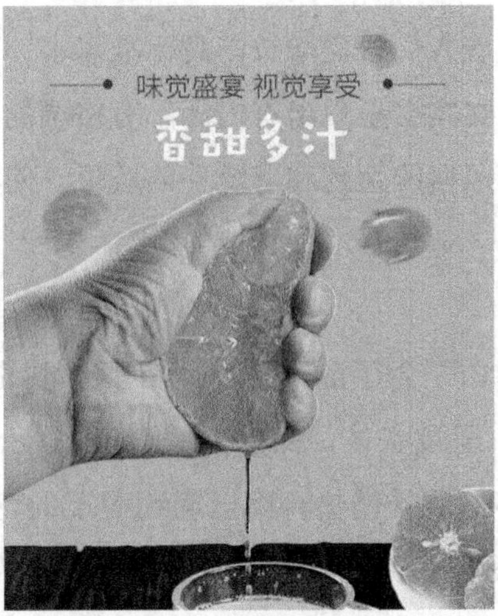

图5–7　介绍产品的特点示例

图5–8　介绍产品的优势示例

下面将产品文案视觉设计的要点罗列如下。

1.图文表达相呼应

产品文案视觉设计的目的是要给目标人群传达产品的关键信息，通常一图一个核心卖点，佐以文字说明，二者相呼应、互陪衬，直观快速地传达有效信息。营销视觉强调营销内容和视觉传播表里如一。如果当消费者想要深入了解产品时，发现图文不一致，即使愿意花费时间思考也会不知所云，从而产生疑惑，进而对产品失去兴趣。

2.设计风格统一

产品文案通常存在于产品详情页，用于多角度、全方位地介绍产品的细节，此时往往会有多图展示。随着人们日益增长的高标准需求，简单的文字介绍已不再具有吸引力，而有设计感的文案会呈现出有内涵、有格调的高大上视觉效果。这首先就需要整体色彩、陈列、风格能达到和谐统一的效果，使消费者在第一眼就感到舒适，产生信任感。

3.适当的留白

从艺术角度来说，留白是为了渲染意境，留下想象的空间；从技术角度来说，适当的留白是一种技巧，通过主体产品的文案合理排版，减少赘述，既没有过多的文字描述，也没有过多的背景铺垫，配以简约明了的背景，重点突出产品卖点，又留有想象空间，不仅没有浪费，反而更好地宣传了产品，整体自然舒适，意境悠然。

4.注重细节

于细微之处见风范，文案视觉设计中，往往一个细节就能成就经典。任何设计想要达到更高的水准、更好的视觉效果，必然要把细微的地方做到极致，无论是图片的选择、色彩的搭配、字体的设计、元素的组合还是统一的排版等，都能传达出产品的用心与严谨。通过细节向消费者传达一种态度，是在真正为消费者服务。

（三）营销文案视觉

不同的营销文案有着不同的设计方法，其视觉呈现也不尽相同。如图5-9所示为广西武鸣沃柑的新浪微博营销文案视觉；如图5-10所示为广西武鸣沃柑的微信公众号营销文案视觉。

图5-9　新浪微博营销文案视觉示例

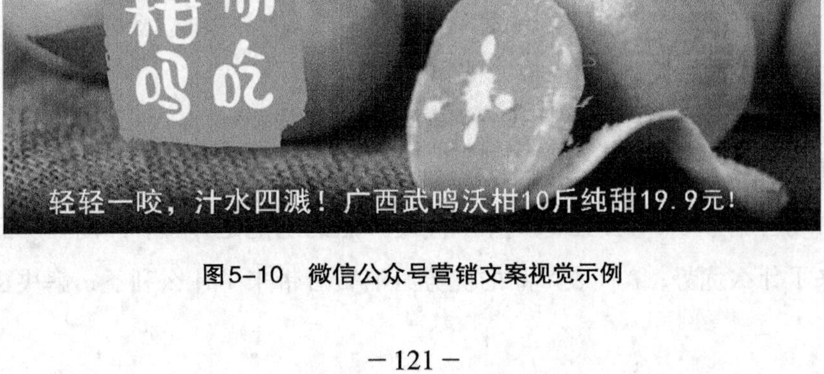

图5-10　微信公众号营销文案视觉示例

下面将营销文案视觉设计的要点罗列如下。

1.紧抓卖点

无论是微博、微信还是其他新媒体工具的营销号，产品的风格定位通常都要很明确，粉丝群体及受众也具有明显的特征，因此很容易抓住消费者的痛点。在进行营销文案视觉设计时，不需要将产品的卖点一一罗列，原因在于过多的卖点容易没有重点，反而使营销目标过于分散，另外容易消耗掉消费者的耐心，不符合大众快信息时代的阅读行为习惯。因此，在文案中将产品卖点集中，突出核心关键点，并巧妙地与产品图相结合，简明扼要、传递清楚、集中突破。

2.快速建立消费者认知

当消费者对产品本身建立充分认知和理解后，才能对产品的各种优势以及卖点真正产生兴趣及消费的意愿。因为消费者更容易记住对他有意义的或者是以前熟知的东西，而且倾向于看到他想看到的东西，越贴近自己以往的经验就越觉得安全，同时也越容易接受。

快速让消费者对产品建立认知，可以运用认知基模的方法。所谓认知基模，即人与生俱来的行为模式之一，它是我们认知中所有知识的一个海量集合。首先，提取产品的特征和核心功能；然后，寻找消费者已知对象，与其建立认知关联。如图5-11所示，直接利用人们更加熟知的两个产品，使消费者产生思维认知上的关联，脑海中会马上浮现这两种产品的特点及口味，综合后对产品有了一个初步的认知。

图5-11 建立消费者认知示例

3.遵循FABE原则

在市场营销学中，FABE原则中F代表产品的功能是什么；A代表产品的某一功能带来了什么优势；B代表产品的优势给消费者带来了什么利益，解决了消费者什么样的需求和痛点；E代表能证实该产品确实能给消费者带来这些利益的证据。FABE原则是一个非常实用的技巧，在营销文案视觉设计中若能有效利用，能增加消费者对产品的认同感和信任感，最终达到实现产品销售的目的。

4.结合推广平台

不同平台有不同的营销策略，因此，营销文案视觉设计需要结合具体推广平台的规则、特点以及呈现方式来进行针对性的设计。例如，微博更倾向于社会化信息网络，便于短时间内大范围传播，而微信公众号则更倾向于社会化关系网络，信息传播的效率会更高。

（四）活动文案视觉

活动文案视觉是为某一特定主题的活动而进行的有目的的、有创意的视觉化策划，通过创意的设计向消费者传达活动信息，如图5-12、图5-13所示。

图5-12　活动文案视觉示例1

图5-13　活动文案视觉示例2

活动文案视觉设计时，因为有活动时间的限制，往往需要快速吸引消费者的注意。同时，因为活动文案往往具有很强的针对性和可实施性要求，因此，如何整合各种资源、传达活动信息就显得十分重要了。活动文案视觉的设计要点如下。

1.分析目标人群的购物动机

网上购物的消费者都有着不同的消费观念和需求，掌握其消费需求心理能使文案视觉设计更有方向。例如，对于关注商品性价比的实惠型消费者，就重点突出活动力度，"五折""满减""买一送一"等都是非常不错的关键词；而对于追求商品品质的实用型消费者，就需要突出商品的质量，如坏果包赔、新鲜、口感等都是关键点。

2.活动名称醒目

活动文案的名称应该简单明了，如"丰收正'当食'""沃柑疯抢计划"，朗朗上口、易于传播。具体设计时应当醒目，位于视觉的关键位置，要确保消费者在首次接触时能第一眼看到，并且留下印象。

3.合理规划呈现内容

区别于其他文案类型，活动文案包含的内容众多，包括活动名称、活动主题、活动时间、活动形式、活动内容、活动流程等，但并不需要全部展示。通常情况下，活动名称、活动主题及活动时间需要点明，其他根据版面设计的美观度和舒适度合理规划。

任务二　文案视觉设计

经过前面的学习，小王已经对文案视觉化的重要性及文案视觉的主要类型和设计要点有了整体认知，但是如何完成文案的视觉设计，小王还需要对文案的设计流程和方法进一步学习掌握。

一、文案视觉设计的方法

（一）电商文案的主要组成要素

在对电商文案进行视觉化设计前，首先需要了解文案的主要组成要素。优秀的电商文案一般包括以下三个要素：图案图形、文字描述及网页设计。一个优秀的电商文案，可以减少消费者咨询的时间成本，优化消费者体验，增加品牌美誉度。相较纯文字的呈现，图文结合的文案能带来更好的视觉体验，更容易打动消费者。如果能把一个产品的文案通过图文结合的方式，再加入一点网页元素，让其具备更强的视觉冲击力，那么这样的产品文案则能引导消费者更好地理解和接受产品。

如图5-14所示方案视觉设计综合了图案、图片、文字等设计元素，合理布局，给人美的视觉享受。

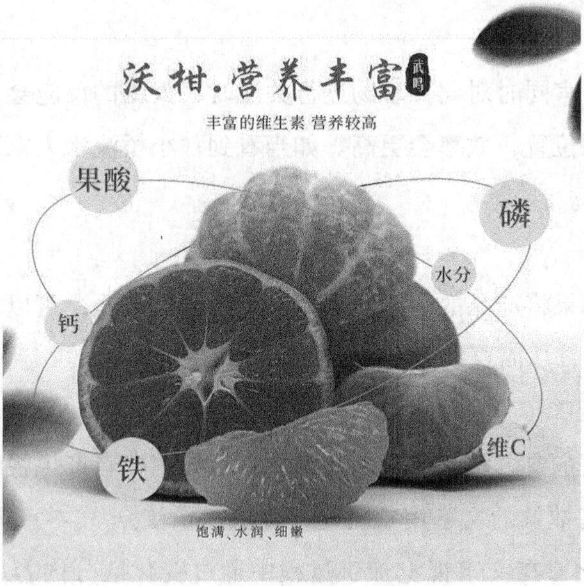

图5-14　文案视觉设计示例

（二）文案视觉化的方法

文案视觉是将抽象的文字用视觉化展示出来。如何将文字进行视觉加工呢？以下列举了常用的几个文案视觉化方法。

1.特色概念提取

特色概念提取，即找到产品和服务的特征和利益，进行概念的提取。回归产品和服务，探寻本质，充分了解特征、功能、利益。通过对竞争对手进行分析，了解竞品的特性、优点和缺点，找到竞争对手的软肋，提炼自身产品的卖点和策略支撑，指出产品和服务满足消费者需求的利益点，引导消费者选择。

2.简化概念认知

将概念简化为易于理解的认知，从而降低消费者的认知负担。认知负担的大小取决于工作记忆中同时被处理的信息的数量和已存在的图式的联系，所谓图式，是人的大脑中已有的知识经验的网络。简而言之，人在认知过程中处理的信息越少，与已有知识经验越相近或者联系越多，就越容易理解和记忆。

3. 与已知对象建立联系

图式作为认知存储的基本单元，以其本身具备的特点决定着对认知有着重要影响作用，因此在解释概念时需要用消费者已经熟知的认知去构建联系，以此解释新事物，便于消费者接受和记忆。

4. 多感官调动

当人的感觉器官同时对同一事物进行关注时，人脑的反应会得到加强，如果信息来源于同一空间位置，效率会更高。如当看到“小桥流水人家”的文案时，仿佛能听到流水的声音。

5. 营造情景

文案的撰写如果将产品的功能和利益进行场景化展示，可以一击命中，将消费者带入消费情景中，从而更易做出购买行为。

6. 文字视觉加工

以上五种方法主要讲解了如何从文案本身引导消费者产生视觉联想，而对文字的视觉加工则是将抽象的文字用视觉化设计展示给受众。文字可以有大小、形状、色彩、排版的变化，在文字视觉加工过程中通过变化区分内容、强调重点、传递情感。

二、文案字体选择与视觉设计

文案是视觉传播的载体和工具，同时也是视觉设计中的基本元素。不同的视觉营销目的对于文案设计的要求是不同的，如果网店想要实施长远的品牌策略就必须研究目标受众的审美需求，设计出符合其网店气质与形象还能吸引消费者的文案。

参照文案设计的组成部分，可以按照字体设计、文字颜色设计及美化排版的流程对文案进行视觉设计。

（一）字体设计

在电商文案视觉设计中，字体的设计尤为重要，不同的字体有着不同的寓意。消费者在看一篇文案时，首先感受到的视觉冲击力就是字体的设计。

1. 字体选择

字体设计是一种感性、直观的行为，但是无论选择什么字体，都要依照页面的总体设想和浏览者的需要。如粗体字强壮有力，有男性特点，适合机械、建筑业等内容；细体字高雅细致，有女性特点，更适合服装、化妆品、食品等行业的内容。在同一个页面中，字体种类少、版面雅致，有稳定感；字体种类多，则版面活跃、丰富多彩。需要根据页面内容需要来掌握比例关系。

如图5–15所示，主标题采用对华文楷体进行艺术变形，使整体画面变得活跃轻巧，从视觉上就变成了非常可爱俏皮的文字形象，和远处飞来的燕子形成呼应，达到了良好的视觉平衡。而采用黑体字表达细节方案，用精简的线条描述，扁平化设计做出呼应，化繁为简，突出活动信息。

图5–15 字体选择示例

2. 设计字体对比

除选择文案本身的字体外，还可以通过字体大小、字体粗细和字形对比三种主要方式对字体进行设计美化，让文案本身的字体产生差异，形成对比，更具视觉冲击力。

（1）字体大小对比：这种方式既明显又常用，容易产生效果。如图5–16所示，使用了大小对比方式的文字排版，区分主次。

（2）字体粗细对比：这种对比方式错落有致，如图5–17所示，使用粗细对比的文字排版方式，产生视觉重心。

（3）字形对比：如图5–18所示，文案中字形的对比，相对以上两种更加自由多样，字体的设计也加入了图形元素，让画面更加活泼，有节日氛围。

图5-16　字体大小对比示例

图5-17　字体粗细对比示例

图5-18　字形对比样例

（二）文字色彩设计

色彩在视觉语言元素中起着基础性的作用，合理地运用色彩可以在最短的时间内吸引消费者的兴趣，给消费者带来直观的欣赏体验。

1.文字颜色的设计

使用不同颜色的文字可以使文案想要强调的部分更加突出、引人注目，颜色的运用除了能够起到强调整体文字中特殊部分的作用之外，色彩自带的丰富的象征意义也会对整个文案的情感表达产生影响，如红色代表欢乐、喜庆、热烈；黄色代表明亮、辉煌、灿烂；紫色代表高贵、典雅、奢华；白色代表纯洁、朴素、干净，等等。同时不同颜色的搭配也会产生不同的视觉效果，如黑色和红色组合，可以形成鲜明的对比，营造出视觉冲突和张力；绿色和黄色组合，可以展现出清新的风格，适合水果和农产品的图片使用。在了解颜色的情感表达以后，设计字体颜色时，还需要结合热点与主题来选择最合适的色彩，如情人节、七夕可以多使用粉红色，国庆、元旦、春节等则多选择红色作为主色调。

另外，需要注意的是文字颜色的对比度，主要包括明度、纯度及冷暖对比，这些不仅对文字的可读性发生作用，更重要的是可以通过对颜色的运用实现想要的设计效果、设计情感和设计思想。

如图5-19所示，大标题选用嫩绿色，一方面和皇帝柑的外皮颜色属于同色系，另一方面让消费者看到就能感受到水果的新鲜。如图5-20所示，标题字的颜色采用沃柑外皮的橘色，能引发消费者视觉和味觉的同步感受，增加了文案的感染力。

扫码可见
高清彩色图片

图5-19　皇帝柑商品

扫码可见
高清彩色图片

图5-20　沃柑商品

2. 文字背景颜色的设计

关于文字背景色彩的设计往往会被忽视，其表现在设计上要富有创造性：突出文字设计的个性化色彩，有利于表达设计意图。对背景色彩的设计会令整个画面变得丰富多彩，能改变欣赏者的心情，影响其对事物的看法。需要注意的是人眼识别色彩的能力有一定限度，由于色的同化作用，色与色之间对比，强者易被分辨，弱者难被分辨，比如要设计一张海报，若画面的层次感不强的话，消费者第一眼看到很难抓住营销的重点，若海报上的文字通过色彩与背景形成对比，被凸显出来，那消费者就会快速明白海报需要传递的核心内容与情感。对消费者而言，重要的是文字信息，因此色彩运用必须注意文字的可识别性，也就是文字的易见度。一般来说，背景色一般为柔和、素淡的颜色，再配上深色的文字，使人看起来自然、舒畅。而为了追求醒目的视觉效果，标题有时候也采用较深色的颜色。

如图5-21所示，为了突出商品特点，在图片文案处分别采用了红色、绿色、橙色为背景的圆圈色块，更加凸显了文字信息，达到了强化文字效果的作用。

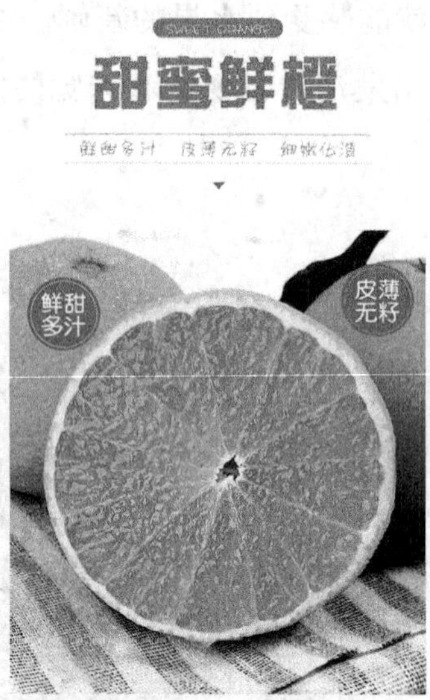

扫码可见
高清彩色图片

图5-21　文字背景颜色使用示例

（三）文字编排设计

对文字进行编排，不仅使文字能够承担其本身的意思传达，还能通过一定的视觉化表现承担图形化的作用。

文字的排列方式，取决于人们的阅读方式与设计对象的表达需求。除了最基本的编排要求（如行间距、缩进以及特殊格式的设置），还应做到形式与内容统一、主题突出，兼具趣味性与创意性等。

通过对文字整体的视觉效果分析可以发现，文字编排主要是围绕以下两个要素来进行设计与应用。

要素一：文字编排整体的重心。根据不同的排列方式，可以将编排设计分为圆形、集中形式、轴心形式、首字突出形式等编排样式。

要素二：文字间的节奏感。根据不同类型的视觉节奏感，可以将文字的空间、排列形式及修饰美化元素进行编排。编排方式不同，所产生的视觉效果通常也不同，所以在考虑文字的编排设计与应用时，应当根据设计对象的需求来进行分析与判断，确保视觉信息传达的准确性。

1. 文字整体的重心编排

消费者阅读一篇文案的起点一般是版面的重心。在文字编排设计与应用中，重心是以人的视觉习惯为创意基础的，指的是通过有意识的创意编排形式，规划出画面中最有价值的文字信息，并以此为突破口，吸引消费者的注意。

（1）圆形排版。

圆形排版是使文字经过编排后，在外部轮廓的视觉效果上呈现出圆形。通常情况下，在版面中设置一个圆形的辅助图形，随后将文字编排在图形以内，沿边进行排列，给人以饱满之感。设计师通过圆形独特的内部结构来构建版面的视觉重心，引导消费者对版面内容进行筛选，使文字得到重点关注。如图5–22所示，通过圆弧

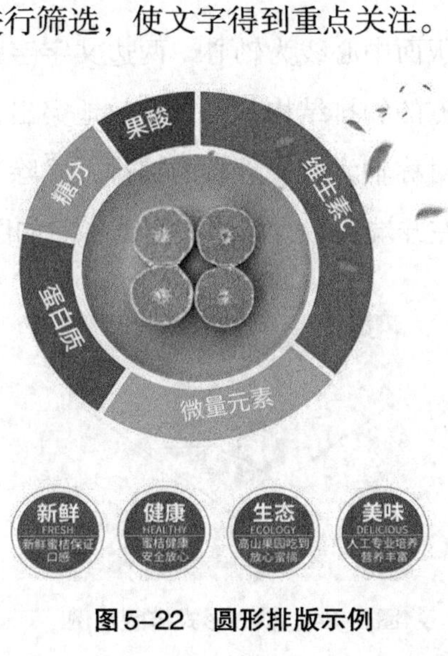

图5–22　圆形排版示例

排列来构建重心的视觉流程，使设计表达产生向心或离心的视觉运动感，以此形成设计表达的视觉重心。

（2）集中形式排版。

集中形式排版是将版面中的文字，以概括性的形式集中统一。集中形式排版通过聚集文字，使文字成了视觉重心，进而使文字的表达能力得到了强化。如图5-23所示，将重要的文字信息以集中形式排列在版面中间的位置，构成了整体版面的重心，有效地引导消费者对页面进行信息筛选，增加了文案的可读性。

图5-23 集中形式排版示例

（3）轴心形式排版。

轴心形式排版是指以版面中心线为轴心，两边文字字距相等，营造居中的版面效果。通过这种简洁、大方的编排结构，可以有效地突出视觉重心，使文字整体的视觉传达力得以加强。以对称轴为版式重心的编排方式除了居中编排外，还有左右对齐结构，指的是从文字左开端到右收尾的长度统一。如图5-24所示，在表达降价

图5-24 轴心形式排版示例

促销的文案排版中，采用了轴心形式，重点突出了降低的活动力度，产生了端正、严密的设计效果，充满了几何图形的感观，有利于促销信息的视觉传达。

（4）首字突出形式排版。

首字突出形式排版是将段落的首字母或第一个字略显夸张地进行放大，从而使其成为版面中的视觉重心，起到强调与吸引视线的作用。如图5-25所示，放大的字能够有效地打破版面的平庸感，使文字变得更加活泼，促进主题信息的传播。

图5-25　首字突出形式排版示例

2.文字间的节奏感编排

文字间的节奏感主要是通过文字的合理空间布局及修饰美化等方式来完成。

（1）空间布局。

网店在进行字体设计时，要合理地布局文案并突出重点，空间上的布局常见的有六种：中心分布、左右/上下分布、对角线分布、阶梯式分布、对应分布、对比分布。

①中心分布：如图5-26所示，文字采用中心分布，文字与图相关联，让画面稳定，重点信息突出。

图5-26 文案中心分布示例

②左右/上下分布：如图5-27所示，则为左右分布，左右商品和文案均形成对比，达到了视觉的平衡。如图5-28所示海报采用了上下分布形式，达到了平衡版式，同时与内容文案的对应性更强。

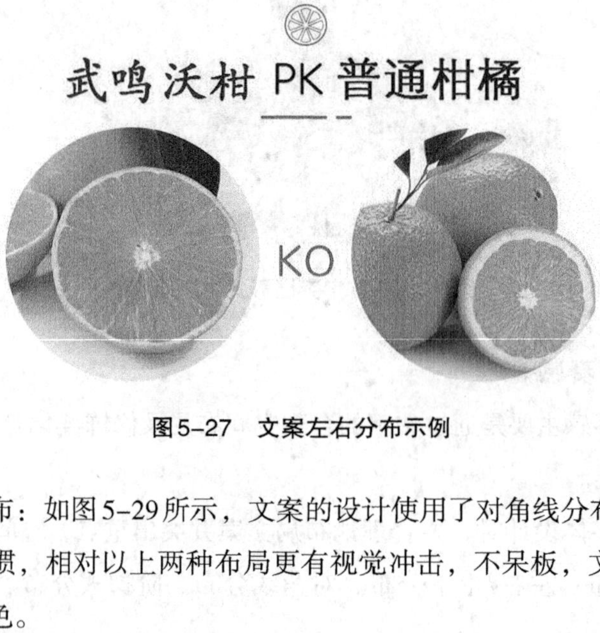

图5-27 文案左右分布示例

③对角线分布：如图5-29所示，文案的设计使用了对角线分布，更好地适配了消费者的浏览习惯，相对以上两种布局更有视觉冲击，不呆板，文案合理布局，突出商品强调的特色。

④阶梯式分布：阶梯总给人一种连续的延伸感，将这种形式运用到文字排版中，会使版式显得很有规律，且比较稳定。在设计文案视觉的时候可以通过组合方式来加强文字编排的节奏，使版面体现出均衡、愉悦的延续感。如图5-30所示，通过阶梯形式，使视觉传达具有强烈的方向运动感，可以给消费者留下深刻的视觉印象。

图5-28　文案上下分布示例

图5-29　文案对角线分布示例

图5-30　文案阶梯式分布示例

⑤ 对应分布：对应形式具有空间上的组织美感，在文字叙述上也充满条理性。在具体形式上，还可以借助编号的逻辑性来对页面信息进行分析与说明：将主要图片放大，摆放在页面较显眼的位置，并对图片中需要阐述的要点文案进行序列排号，通过对应的编号，将文字信息与相应的图形规整地排列在页面中。如图5-31所示，整齐的图文说明给人以一种规律化的节奏感，强化了文字的诉求功能，让消费者对展示信息一目了然。

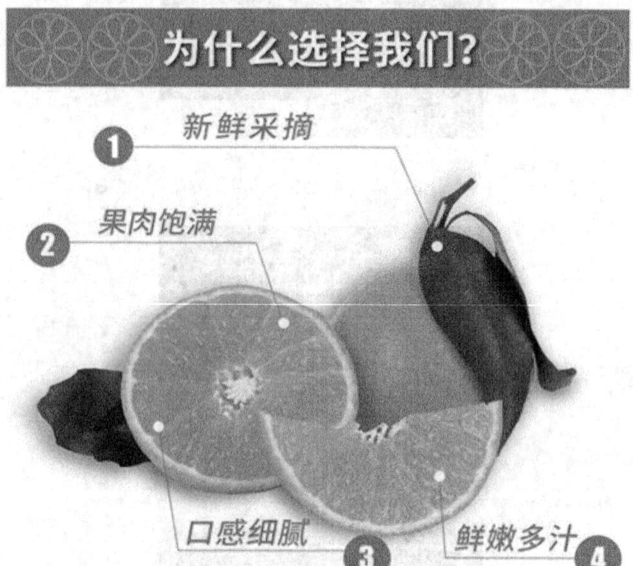

图5-31　文案对应分布示例

⑥ 对比分布：这里的对比指版面中的疏与密，“疏”是版面中整体排列效果较松散的元素，指字间距较宽松的文字排列；“密”则是指版面中文字排列相对密集的部分。如图5-32所示，通过文字的疏密的相互协调，可以使画面富于节奏感。

图5-32　文案对比分布示例

（2）文案修饰。

文案视觉设计还可通过图片、图形等元素进行修饰，进一步为文案添加细腻的细节。

① 通过添加线、面等元素，加强重点，平衡版式。

如图5-33的文案设计，采用了水滴状的图形修饰，突出了商品的特点，搭配主体商品，让画面更加立体充盈。且图5-34的文案设计中还添加了气泡线条修饰，不仅突出了商品卖点，而且达到了平衡画面的效果。如图5-35所示“促销价：9.9元”的文案设计应用了加面修饰突出了重点。

图5-33　水滴修饰示例

图5-34　气泡线条修饰示例

图5-35　加面修饰示例

②在文案的表现形式中做出裁剪，隐藏或者镂空，增加文案立体感。

可以通过边缘裁剪扩大空间感，通过放大字体到边缘撑住版面。还可以隐藏看得懂的部分，既修饰了文字又能引发想象。除了强调重点文案和主体外，还可以叠加肌理、材质效果于镂空部分。如图5-36所示，活动海报中使用了剪裁形式修饰文案并将文字放大撑住了版面，给人一种气势磅礴的视觉冲击。

图5-36　剪裁修饰示例

③ 在文案设计中通过交错式设计，增加文案艺术效果。

通过应用交错式，增加前后空间感，与图片主题内容产生更多交互。通过应用字体叠加/错落式，突破横竖直排方法，更具跃动性；通过对字和图形的巧妙拼接，使主体物和文案相容，表达更为直接，如图5-37所示，将字体部分笔画替换为飞鸟，让画面更加灵动。

图5-37　对字体进行局部替换示例

课程思政

北京市高级人民法院在2017年4月公布的《专利侵权判定指南（2017）》的第66条指出：设计特征是指具有相对独立的视觉效果，具有完整性和可识别性的产品的形状、图案及其结合，以及色彩与形状、图案的结合，即产品的某一部分的设计。这是目前看到的较为完整的对外观设计的设计特征的定义，其将设计特征定义为产品的某一部分的设计。

具体规范解读如下。

一、如何认定被控专利侵权产品与外观设计专利产品是否属于相同或相近种类产品

《最高人民法院关于审理侵犯专利权纠纷案件应用法律若干问题的解释》（后称《解释》）第九条提供了根据产品用途认定产品种类的路径。该条规定，人民法院应当根据外观设计产品的用途，认定产品种类是否相同或者相近。确定产品的用途，可以参考外观设计的简要说明、国际外观设计分类表、产品的功能以及产品销售、实际使用的情况等因素。

二、相同或者近似的认定应以一般消费者为判断标准

《解释》第十条规定，人民法院应当以外观设计专利产品的一般消费者的知识水平和认知能力，判断外观设计是否相同或者近似。

外观设计产品通过不同于同类产品且富有美感的外观吸引消费者的注意，获得市场利益的回报。因此，关于侵权诉讼中外观设计近似性的判断，应当基于一般消费者的知识水平和认知能力进行判断。第十条所称的“一般消费者”，可以理解为该产品面向的消费人群，特点是多数购买或使用该产品的人，而非指该产品的专业设计人员。

三、注意“整体观察”和“综合判断”原则的运用

《解释》第十一条中有“整体观察”和“综合判断”两个原则。在进行“整体观察”时，应排除主要由技术功能决定的设计特征以及对整体视觉效果不产生影响的产品的材料、内部结构等特征，应当不予考虑。

模块二　相关知识

一、电商视觉营销与文案的关系

电商视觉营销中，以视觉为手段，以营销为目的，而任何可以产生视觉效果的载体，都能对消费者造成一定的视觉冲击，如图片、文字等。电商视觉营销与文案的关系如下。

（一）相辅相成

电商视觉营销与文案搭配在一起，两者形成全面的商品展示，相辅相成，层次分明。视觉营销因文案内容而精彩，文案因视觉展现而受到关注。

（二）互相补充

不论是文字还是图片元素，都会过犹不及，呈现的单一化内容过多，不利于消费者集中注意力，导致信息难以被很好识别，同时视觉效果混乱。此时，可以借助

视觉，将文案未尽之言展现出来，而部分文案也可经视觉呈现进行延伸，由消费者展开想象，形成画面感。二者互相补充，互为引导，是对各自内容的延伸，形成一个吸引人的创意理念。

（三）精简主题，准确表达

使用过多的文字去诠释卖点，会让消费者失去阅读的耐心，因此营销文案往往需要简短精准、视觉效果强烈的图片，这样才能使主题准确无误地表达出来。而且文字加图片的形式，更能传递产品的特征，具有一定的说服力。

二、文案编排的设计一般原则

在文案编排设计中，将文字排列看作版面的构图方式，根据人们的视觉习惯，对版面中的文字关系进行合理调控，使文字在空间结构上达到规范性与次序性，构成新的视觉效果，从而实现文字诉求的功能。

（一）形式与内容统一

编排设计是传播信息的媒介，形式一定要符合内容。在设计过程中，应将各种形象元素以及各部分的形式构成一个秩序化的整体，例如主次强弱、动势趋向、肌理效果等，从而形成层次分明、条理有序的信息传播系统，达到有效的阅读效果。

（二）主题突出

编排设计的最终目的是使读者清晰了解版面传达的内容。编排设计要想使诉求的主题鲜明突出，就要注意编排版面空间层次的分析和视觉的主次秩序。主体信息明确有助于增强读者对版面视觉信息的注意，以及对版面空间层次、主从关系、视觉秩序及彼此间逻辑关系的把握与运用，从而更好地理解版面所要传达的信息。

（三）增强趣味性

通过巧妙的文字排列方式，结合一些相关的图形元素来营造必要的幽默感，提高读者对出版物内容的兴趣。具体来讲，运用文字、图形及色彩，通过点、线、面的组合与排列，使用夸张、象征、拟人等手法，增强文字与图形之间的互动。采用充满互动感的设计，不仅协调了画面中各个视觉元素的空间关系，还增强了文字表现的趣味性。

（四）富有创意性

根据主题要求，通过独具特色的编排方式，强化主题信息的表现力，并突出文字设计的个性与色彩。任何设计都需要创意，借助独创性强的编排方式，强化文字在版式中的表现力度和诉求深度，从而让读者对设计内容产生深刻印象。从视觉传达的角度分析，通过改变文字常规的排列方向，打破人们的阅读习惯，从而体现出版面独特的阅读方式，可以有效地延长读者的阅读时间，使文字信息得以完整地传递。

（五）强调简洁性

简洁性是较为符合大众审美的特征，也更有利于传播视觉信息。简洁精练的表现能够强化主题，使视觉焦点处于最佳的区域，避免各部分孤立分散、语义模糊等。简洁地编排，使内容在表达上显得更为精练，但这些效果的产生都是建立在新颖独特的创意上。因此，要通过简洁的编排方式来实现版面的独创性与鲜明个性，既要做到对诉求内容的提炼与规划，又要把握版面形式的构成与技巧。编排设计应在突出重点的基础上，达到整体效果的协调。

进行有目的地文字编排设计，不仅可以营造出文字信息的气质氛围，把信息更清晰地传达给读者，实现文字信息的深度传达，还可以使视觉设计作品更具艺术感染力，让读者在获取信息和知识的同时，收获一份愉悦的心情。

同步实训

一、实训概述

本项目实训为文案视觉设计，学生通过本项目学习，能够掌握文案视觉的类型及设计要点，并掌握文案视觉化的方法和技巧。

二、实训背景

实训开始前，学生首先了解以下实训背景，并以小组为单位展开实训操作：

皇帝柑（如图5–38所示）历史悠久，又名贡柑，似橙又似橘，既有橙的多汁，又有橘的清香，因是女皇武则天喜爱之水果，故被称为“皇帝柑”。广西武鸣阳光充足、雨量充沛、土地肥沃，出产的皇帝柑，果形亮丽、皮薄核少、肉质鲜嫩、多汁清香、清甜香蜜、高糖低酸。在营养价值上也独具优势，含有多种对人体有益的营养成分，特别是维生素C和天然果糖以及果酸，氨基酸的含量也比较高。2020年，中秋“撞上”国庆，某网店决定将武鸣皇帝柑作为主打商品进行推广，请同学们以该网店视觉设计人员的身份，参与并完成此商品的文案视觉设计任务。

图5–38　皇帝柑

三、实训任务

通过对实训背景的解读，请同学们根据本项目所学内容，以小组合作的形式完成如下实训任务。

1.完成对“皇帝柑”的节日活动营销文案的编写；

2.完成对“皇帝柑”的活动海报设计，突出文案视觉设计与美化。

四、实训步骤

学生可参考如下步骤完成实训任务。

步骤1：分析“皇帝柑”产品特点，挖掘其卖点，结合节日特色撰写活动文案；

步骤2：查找并学习淘宝、天猫等电商平台上关于节日活动营销海报的设计思路和文案视觉设计方法；

步骤3：确定“皇帝柑”的海报设计思路及文案视觉设计构想；

步骤4：选用已有实训素材，或者自行完成素材拍摄和美化，并完成活动海报设计。

第六章　移动视觉

学习引导

视觉营销是移动电商必不可少的营销手段之一，加之移动电商平台越来越多，商品和服务的同质化也越来越严重，要想在诸多店铺中脱颖而出，吸引消费者的关注，就必须结合移动端的特色，设计出更加注重交互体验与友好度的视觉页面。

学习目标

☆知识目标

1. 认识移动端视觉设计的意义及特点；
2. 理解移动端视觉设计的原则；
3. 了解手机端店铺视觉设计的方法与技巧。

☆能力目标

1. 掌握手机端店铺常见的页面布局；
2. 掌握手机端店铺页面设计的基本流程。

☆思政目标

了解中国移动网络的发展历程。

项目情景

消费者在移动端浏览商品时会很注重第一眼的感觉，如何第一眼就能让消费者对商品感兴趣，吸引其目光和注意力，就不得不提移动电商的视觉营销。小马开设的武鸣特产专营店之前没有注意到移动端视觉设计的重要性，移动端页面的设计基本是从PC端页面缩放而成的，长期下来店铺的流量及转化率都很低、跳失率很高。

为了改变这种不利局面，小马决定对移动端视觉设计相关的知识进行学习，以便为后期店铺的移动页面视觉设计与优化奠定基础。为此，他通过学习，归纳出以下内容。

模块一　任务分解

任务一　移动端视觉设计相关认知

一、移动端视觉设计的意义及特点

小马在淘宝平台开设了一家武鸣特产专营店，在完成了PC端店铺视觉设计的基础上，需要进一步对移动端店铺页面进行设计与优化。在移动端店铺视觉设计与优化之前，首先他需要了解移动端视觉设计意义及其特点。

（一）移动端视觉设计的意义

当前，随着移动互联网技术的发展以及其普及率的不断上升，移动端网络购物已慢慢成为人们日常生活不可或缺的一部分。据CNNIC（中国互联网络信息中心）统计数据显示，截至2020年3月，我国网络购物消费者规模达到7.10亿人，其中手机网络购物消费者规模达7.07亿人，占手机网民的78.9%，约占网络购物消费者的99.58%。过去PC时代及其带来的各种电商运营方式已经快速转移到移动端，很多商家还没有意识到这样的转变，只是将PC端的图直接移植到移动端，并没有针对移动端的特性来进行视觉设计。移动端对比PC端，从展示内容量到视觉范围、从点击操作到触摸滑动、从信息轰炸到浓缩精华、从固定地点观看到随地查阅、从一对一消费者交互到随时转发分享，竖屏引发的消费者习惯迁移和信息传递方式已经发生了极大的改变。

要想在有限的移动端屏幕上显示消费者最需要的店铺和商品信息，就不得不重视移动端视觉设计。借助移动端色彩、图片及文字等的视觉设计吸引消费者的关注，从而达到营销的目的，吸引消费者、引来流量，然后通过视觉设计刺激消费者的购买欲望，将流量进行转化，最后通过视觉设计塑造店铺形象和品牌影响力。

（二）移动端视觉设计的特点

在移动互联网下，消费者消费时间碎片化、消费场景多样化、消费需求个性化，由于多种第三方平台的兴起，如抖音、快手等直播、短视频带货，也为消费者提供了更多的消费参考。

基于移动端消费者的特点，商家要借助移动端视觉设计提高消费者的体验，须体现以下特点。

1.适配移动端规范尺寸

在设计移动端页面时，应遵循移动端页面的尺寸规范。移动端网店可以看作PC端的延续，但是不可直接在PC端的基础上进行收缩，这样的操作会引起页面变形，甚至造成整个视觉布局的不协调。针对移动端的规范尺寸进行适配，以更加适合移动端消费者的视觉阅读习惯、文字大小。

2.针对移动端设计易懂易用的交互

（1）设计符合消费者习惯的页面结构和布局。

在PC端，交互多采用点击鼠标来完成，而在手机端触屏设备上多基于手指的手势操作，因此，在设计商品页面布局时需从消费者的角度来思考，通过交互设计让页面易懂、易用。如果消费者对经常关注的店铺页面结构和布局已经习惯，消费者在短时间内很难去适应比较大的页面布局改变。如果页面布局和功能按钮的位置与消费者的浏览习惯不符，那么消费者不但会感觉不适应，可能还会因为找不到需要的模块或者商品类别而离开。

（2）设计合理的操作按钮和可触区域。

目前主流智能手机配备的几乎都是电容感应的屏幕，用手指就可以十分方便地操作。那么，在设计移动端按钮的时候，就需要考虑到人手指的大小，过大的图片会侵占页面的有效空间，过小的图片会使消费者误点击到按钮以外的其他区域。在触摸操作按钮设计时，在界面中的可触物理区域不应小于7～9mm。为了让消费者能在各种情景下都容易操作，建议可触区域不应小于9mm。但是可触区域不同于在屏幕中直接呈现的物理大小，为了视觉及审美需要，有时设计师会把屏幕元素设计得较小，视觉设计人员需要控制可触区域的空间，将实际的可触区域设置为大于屏幕元素即可。

按钮的设计除开有尺寸的要求，还要突出显示，让消费者明显感知此处是可以点击的范围，这就要求在设计排版和配色上区别于普通图片，借助按钮更好地引导消费者的浏览路径，从而提高整体店铺的综合点击率。如图6-1所示，“马上抢”按钮使用红色色块作为底色的设计使其更加突出，加入活动倒计时和销量情况，营造火热的抢购氛围。如图6-2所示，优惠券区域添加“立即领取”按钮采用鲜明对比的橙色和绿色色块显示，吸引消费者眼球，引导消费者领券购买。

扫码可见
高清彩色图片

图6-1　“马上抢”按钮设计示例

扫码可见
高清彩色图片

图6-2　“立即领取”按钮设计示例

3. 页面排版简洁美观

在移动端手机屏幕面积有限，应化繁为简、精选重点进行表现。在PC端可以采用简洁的图文，美观又简单地表达多个卖点，如图6-3所示。

图6-3　简洁明了的排版示例

4. 精简处理内容，多使用图片、视频展示

对于移动端而言，为了提升屏幕空间的利用率，界面布局应以提供符合消费者期望的内容为核心，进一步设计和组织内容。在PC端的网页内容往往相对复杂，而在移动端需要对内容进行重组，使用消费者熟悉的语言和维度来组织，这样更便于消费者查找目标信息，提升内容的利用率。如何选定信息进行更加精准的展示，卖家可以利用大数据的后台分析，把消费者最近搜索、浏览、购买等操作的内容加以分析，选择出最有可能引发消费者购买的内容进行内容展现。

移动端应多利用图片或者视频来展示信息，对文字信息尽量简化，如图6-4所示，在移动端采用短视频的方式直观、清晰地把店铺的新品、人气商品、镇店商品进行展示，还可以添加直播链接，引导消费者进入直播中参与店铺活动。

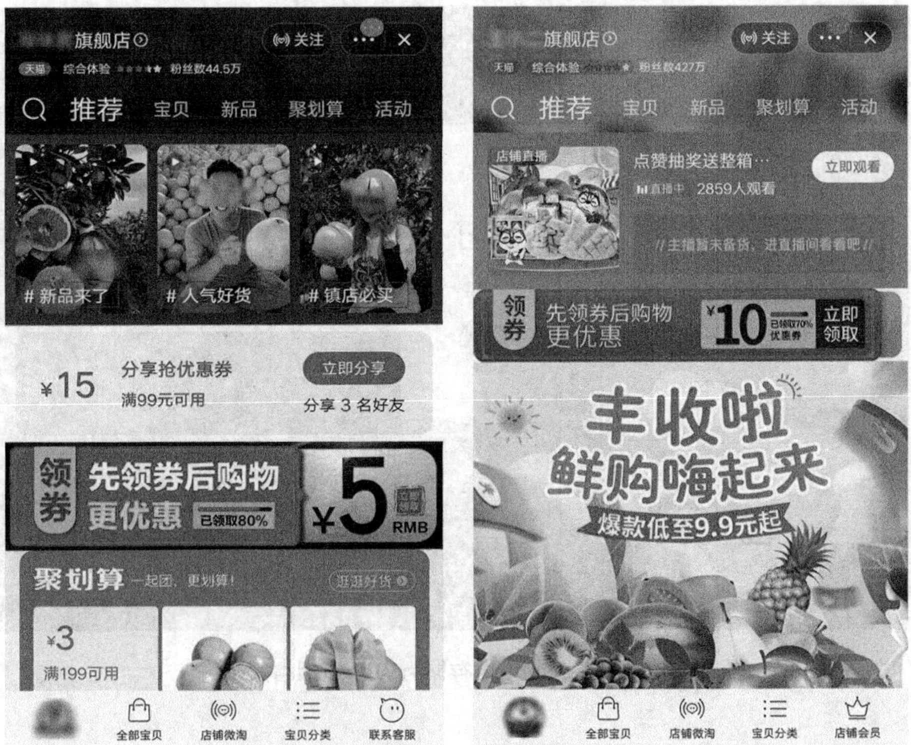

图6-4　利用图片或者视频来展示信息示例

5. 合理控制图片的数量及大小

在移动端为了适应消费者越来越多样的购物场景，就要求移动端网店能够带来随时随地快速反应的便捷感。除开网络速度上的影响，从店铺视觉设计的角度上来说，店铺不宜堆放过多的图片且图片大小要适中，从而为消费者带来更为流畅的购物体验。除开精选图片、控制图片数量外，在设计移动端店铺图片的时候应尽量减小图片所占存储容量，可以通过Photoshop在设计图片的时候保存为“存储为Web所用格式”来实现，如图6–5所示。

6. 保持页面色彩的鲜明感

好的色彩选择，能够吸引消费者的眼球，继而提升营销效果。手机端的颜色偏暗，所以在选择色彩的时候，尽量选用一些高明度或者纯度较高的色彩。

色彩设计应主次分明，利用反差做出层次化，突出主体部分，让买家及时获取到重要信息，如图6–6所示，采用对比感强烈的橙色与紫色，借助视觉上的反差感来展示店铺优惠信息。

图6–5　Photoshop中存储为Web所用格式示例

扫码可见
高清彩色图片

图6–6　色彩设计示例

色彩数量选择不宜过多，店铺页面色彩原则上同一版块内不应超过三种颜色，这三种颜色可以看作主色、辅助色、提亮点缀色，保证页面色彩和谐统一。如图6–7所示，移动端商品细节图要想引人注目，就要注意色彩的统一性，配色上使用同色系饱和度不同的色彩或色彩对比度比较大的色彩进行搭配。

扫码可见
高清彩色图片

扫码可见
高清彩色图片

图6–7　商品细节图色彩搭配示例

同时，在色彩设计时应注意到万能搭配色的使用，如黑、白、灰等颜色，这些颜色比较百搭，比较容易搭配出和谐、高级的感觉。总的来说，在移动端上观看，浅色的背景更能突出产品本身，使得消费者注意力集中在产品上。

7. 保持页面常换常新

移动端的视觉设计，应该保持常换常新的状态，不仅能够满足年轻、时尚消费群体对新奇事物的追求，也会让消费者感受到商家的精心运营。店铺页面设计换新是要在自身品牌VI（标准）体系下完成的，在保持店铺品牌设计风格的基础之上进行换新，包括图片的拍摄风格、字体使用、装饰图形的添加等，都需要迎合店铺的品牌形象。

如图6–8所示，在店铺手机端的首页中，轮播图片会随着不同的节日主题、促销活动发生变化。通过对图片的及时更新，消费者可以更快速地了解到店铺的最新活动，也让消费者有了更加方便地了解活动并参与活动的途径，与此同时，也给消费者带来了视觉上的新鲜感，让消费者获得了良好的消费体验。

图6-8　不同节日的活动海报图示例

二、移动端视觉设计的原则

经过前面内容的学习，小马对移动端视觉设计的意义及其特点有了初步了解，为了做好武鸣特产专营店的移动端视觉设计工作，他还需要熟悉移动端视觉设计的基本原则，为后期移动端店铺视觉设计工作打好基础。

在移动端有限的屏幕空间中，要想办法抓住消费者的眼球促成转化，就要在视觉设计的策划与实施过程中遵循一定的原则。

（一）视觉设计要为目的服务

移动端的视觉设计首先应该明确目的及如何为目的服务。网店本身就是虚拟的店铺，视觉的冲击对吸引客户购买起着重要作用。我们要分析目标客户群的需求，针对产品属性和特色用最明确的图片表达出来，让消费者一眼就能看出来效果，并产生购买的欲望。

目的性原则包括两个层面：第一个层面是要明确店铺进行视觉营销的最终目的，是提升店铺形象，还是提高商品的销量等；第二个层面是明确视觉应用的作用，模块的作用和目的不同，视觉表现形式也就不同。

第一个层面：明确视觉营销的最终目的。

为了保证移动端店铺的整体设计风格与目标人群的特征和喜好相吻合，在移动端进行视觉营销时，首先要对店铺的目标人群进行定位，形成目标人群画像；然后根据目标人群画像，分析目标人群的社会层次、消费能力、消费习惯，从而确立移动端店铺的视觉营销方案；最后根据营销方案有针对性地进行页面布局和图片设计工作。如图6–9所示，销售水果的移动端店铺普遍利用活泼的页面布局、鲜明的色调及优惠的活动内容来吸引目标人群。

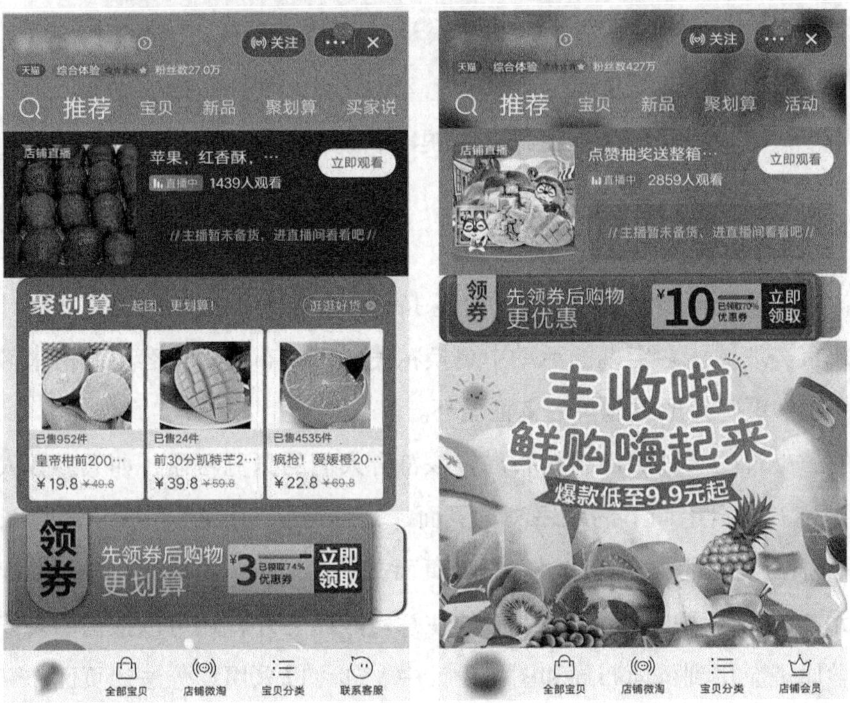

图6–9　移动端店铺首页示例

扫码可见
高清彩色图片

第二个层面：明确视觉应用的作用。

店铺的页面由不同类型的模块组成，模块的作用和目的不同，表现形式也不同，如店铺招牌的作用是突出店铺名称让消费者感受商品风格，并引起潜在消费者的注意；商品促销海报的作用是吸引眼球，突出商品卖点和利益点，如图6–10所示，从页面文案就可以清晰了解到该海报设计的目的是宣传“庆国庆　迎中秋，全场五折促销”的活动。

图6-10　庆国庆　迎中秋促销海报示例

（二）视觉布局要具有美观性

店铺视觉设计要注重消费者的视觉感受，保持常换常新，一成不变的页面设计会给消费者造成审美疲劳。在定期的活动中更换精美的店铺布置，让客户每次来都有一个好心情，这样更容易形成购买的良性循环。

一个合格的、美观的店铺页面结构布局应该符合人们的浏览习惯，如大多数人都习惯按照从左到右、自上而下的顺序浏览页面，这种浏览的视觉轨迹称作动线，如图6-11所示。根据人们的视觉动线，在设计页面布局时，把主推商品、导航和促销信息等重要元素放在左侧更能引起消费者的注意。除此之外，还可以把构图规律以及色彩心理学原理应用到页面布局和图片设计中，如可以采用均分法让页面布局形成对称美感，采用黄金分割法将重要内容在视觉中心位置进行展示，让页面浏览更加舒服流畅。

（三）视觉设计风格要统一

移动端店铺视觉设计中最容易出现的问题就是设计风格不统一，主要体现在以下几个方面：店铺形象和商品定位不统一，如销售水果的店铺使用了机械工业的设计风格；销售模块的风格不统一，如上一组模块是清新、可爱的风格，下一组模块突然又变成成熟、稳重的风格；图片的尺寸规格不统一、字体和颜色随意使用，让页面看起来杂乱无章。

图6-11　视觉轨迹示例

提升店铺形象最有效的方法就是统一设计风格，从店铺的定位出发，找准店铺的目标人群，研究目标人群的喜好，在设计店铺效果前首先做好基本元素的设计规范工作，进一步确定整体的设计风格，打造出符合目标人群审美的整体店铺形象，为每个细分模块和元素的设计提供参考和依据。

（四）内容设计要实用

内容设计要服务好消费者，更好地满足其需求，权衡好页面的可操作性，体现移动端视觉设计的应用价值。移动端的视觉设计要巧妙利用文字或者图片说明，让消费者快速熟悉店铺的操作功能，了解商品的重点信息。如销售水果的店铺，没有水果的产地、规格的介绍及售后承诺；销售电子产品的店铺，没有关于质保的描述等。这样不仅消费者看得很迷茫，还会直接影响消费者的购买欲望。

（五）交互设计要易用

在设计移动端页面时，要从消费者使用角度出发，考虑消费者的浏览习惯，设计出易懂、易用的交互页面。移动端店铺的易用性设计主要体现在商品类目的划分、购物路径的优化和功能按钮的设置三个方面。

1.商品类目的划分易用

通常来说，商品类目按照商品的属性、风格和使用效果进行分类即可。如图6-12所示，商品按照热卖水果、进口水果、新鲜蔬菜等进行分类，便于消费者快速找到想要的商品类目。

图6-12　商品分类

2.购物路径的优化易用

在购物路径的设计方面，无论消费者浏览到页面的哪部分，都要能够方便地进入下一个目标页面，并且能够快速返回到首页、页面的顶部，或者是进入分享、收藏、加购等页面。

3.功能按钮的设置易用

如图6-13所示，在功能按钮的设置方面，客服按钮、收藏按钮、分享按钮都应安排在页面较醒目的位置，便于消费者进行咨询、收藏及分享等操作。并在页面合适的位置安排搜索栏，搜索栏上还可以设置关键词的提醒。为了提升点击量，可以在主推商品的分类页商品图上利用按钮等方式，暗示消费者点击。

图6-13　功能按钮的设置易用示例

任务二　手机端店铺的视觉设计

经过前面的学习，小马对移动端视觉设计的基础知识有了整体的认知，但是如何完成移动端页面布局、页面视觉设计，还需要继续通过优秀案例对常见的页面布局逻辑及各营销页面的视觉设计的方法、技巧进一步掌握。下面以小马所在的武鸣特产专营店为案例，从店铺页面逻辑，以及首页、主图、详情页视觉设计方法及技巧等方面入手，对手机端的页面视觉设计做一个整体的介绍。

一、手机端店铺页面逻辑设计

手机端的页面布局逻辑是有章可循的，可以通过分析店铺定位、店铺情况、目标人群喜好及习惯进行有针对性的布局，运用页面视觉元素对手机端消费者进行引导。

根据店铺的不同战略方向，店铺流量、产品品类、消费者群体等不同，可以选择不同的页面布局逻辑，常见的页面布局有新商家型、成熟商家型、分流型、聚流型。

（一）新商家型页面布局

新开设店铺（即新商家）可参考图6–14的布局结构进行页面视觉设计。对于新店铺，其流量较小，产品通常较少，也缺少爆款产品，需要将流量集中到店铺主推和销量较好的产品，在店铺首页框架优化过程中需要集中展现主推产品和热销产品。

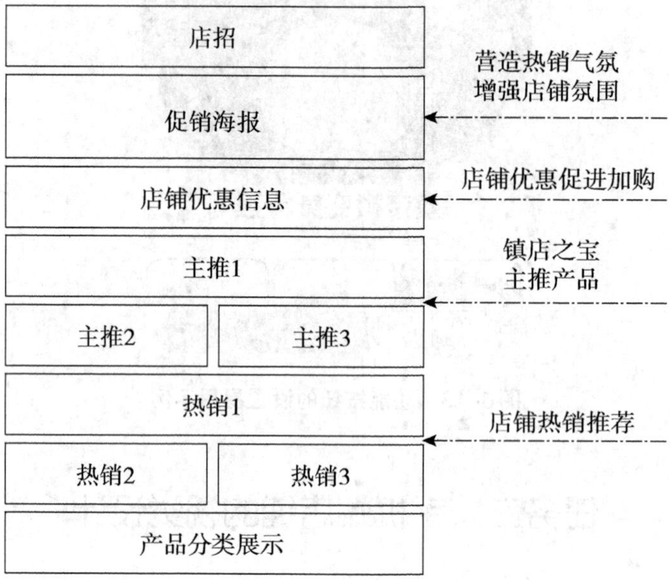

图6–14　新商家型页面布局结构示例

（二）成熟商家型页面布局

成熟商家，大部分属于腰部商家，已经有了一定的品牌知名度和店铺流量，在店铺优化过程中需要将店铺流量进行合理分配，将流量的转化率尽量做到最大化。成熟商家在做好主推产品的展示时，同样要做好分类的按需分流，再将店铺热销品牌的相关推荐进行展示，如图6–15所示。

（三）分流型页面布局

针对大流量和产品类目比较多的店铺可以采用分流型页面布局，将重点展示的活动内容在页面的前三屏位置呈现，强化购物场景，并通过明确的分类指引，方便顾客按需选择，进而达到分流的目的。如图6–16所示，分流型布局结构可以更好地强化购物场景、唤醒消费者购买欲望，通过店铺优惠促进消费者加购，爆款推荐让消费者优先选择，按需分流，实现个性化推荐。这里需要注意的是手机端消费者大多为右手使用者，在产品分类模块，可以将更为重要的分类放在右侧，方便消费者进行点击。

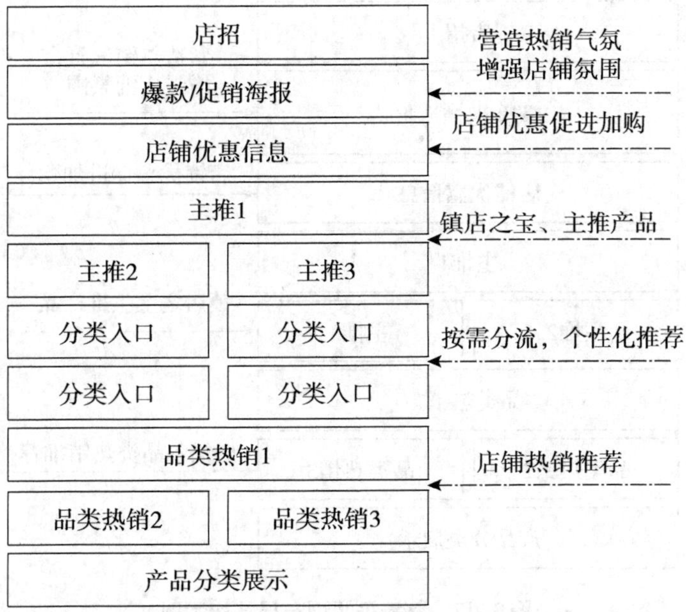

图6-15　成熟商家型页面布局结构示例

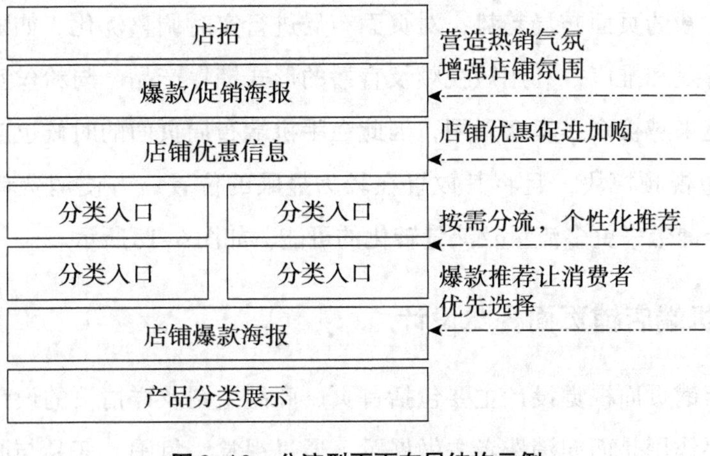

图6-16　分流型页面布局结构示例

（四）聚流型页面布局

聚流型页面布局针对的是产品品类较单一，但产品本身属于爆款/主推款型的产品。在这类店铺的布局上要注意氛围展现，对店铺主推产品进行推选。聚流型的设计可以更好地营造热销气氛，增强店铺氛围，对店铺热销进行推荐，如图6–17所示。

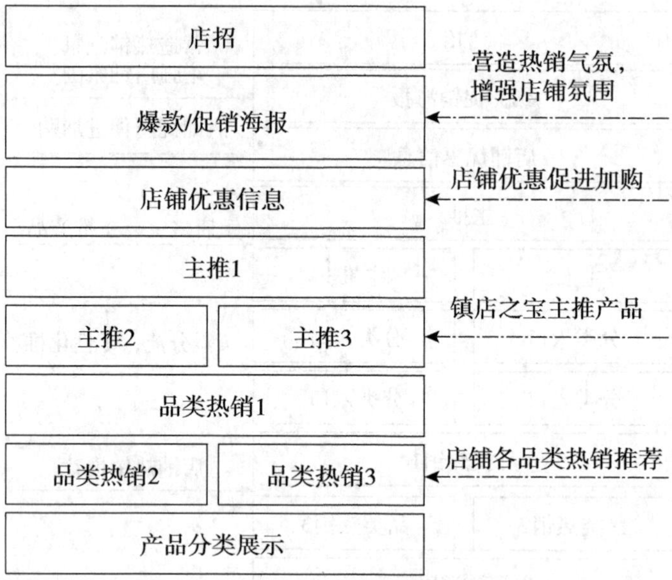

图6–17　聚流型页面布局结构示例

除了以上较为常规的四类页面布局逻辑之外，还应紧跟消费者浏览习惯和喜好的变化，关注新的页面布局趋势，对页面布局进行实时调整优化。如随着短视频及直播的不断普及和推广，利用短视频及直播的形式销售产品、与粉丝互动或者宣传品牌的形式越来越被众多卖家采用，因此在手机端布局页面的时候也应视情况加入直播链接及短视频模块，且将其放置在较为显眼的位置，方便消费者点击进入观看，进而为店铺带来更多流量及流量转化的可能，如图6–18所示。

二、手机端店铺页面视觉设计

手机端店铺页面视觉设计主要包括首页、商品主图及详情页的设计。首页在整个店铺中主要作用是面向消费者去做展示，通过视觉、氛围、商品与服务的综合感受，让消费者对品牌进行接触和了解；商品的主图形成了消费者对商品的第一印象，决定了消费者是否点开商品详情页，并对商品产生购买欲望；而商品的详情页承担着让消费者下单购买的职责。接下来就按照首页设计、主图设计、详情页设计的流程完成手机端店铺页面的视觉设计。

图6–18　页面中添加活动直播链接、商品短视频示例

（一）手机端网店首页设计

店铺首页对提升消费者对于店铺的信任和购买信心很有帮助，而手机端店铺首页起到的作用比PC端更大。仔细分析消费者在手机端店铺的购物路径，不难发现消费者的购物路径非常简单，一直围绕着“商品详情页—店铺首页—商品详情页—店铺首页”的轴。因此手机端店铺首页有着强大的分流作用，所以手机淘宝店铺首页布局的好与坏，直接决定店铺流量流转是否健康。

手机端网店首页设计可以从店招、海报、商品和菜单四个方面进行布局和设置。下面以天猫手机端店铺首页的设计为例进行讲解。

1.店招设计

手机端天猫店铺顶端为店招区域，店招区域包括了店招、店标、店铺名称、店内搜索、商品分类、店铺收藏和店铺导航条等模块。

（1）店招区域的位置是固定的，不支持个性化设置。但店招内容和图片可以根据不同的店内促销活动、节日主题、淘宝官方活动主题或店铺主营商品进行设计制作。如图6–19所示是一家贩卖鲜果的店铺，该店铺用水果图片作为底图，与店铺“鲜果”的主题相呼应。店招颜色应与店铺整体色调风格保持一致、颜色偏亮，以抵消店招区域自带的暗色过滤效果。

扫码可见
高清彩色图片

图6-19 手机端店铺店招示例

（2）店标和店铺收藏相对比较固定，店标显示直接来源于PC端网店店标即可。如果想引导消费者关注店铺，可以在店招图片内设置文字，引导消费者点击关注，收藏店铺。

（3）店内搜索一般在比较显眼的位置，可以在店内搜索框中自定义预设关键词，如店铺主推产品“皇帝柑”等，便于消费者一键进行搜索查找。

（4）店铺导航条是手机端店铺首页引导，可以根据店铺需要进行设置，通常主要包括全部商品、新品和店铺微淘等。

一般店铺会把店铺的新品、人气商品及活动内容以短视频或直播链接的方式放到店招区域下方，如图6-20及图6-21所示。

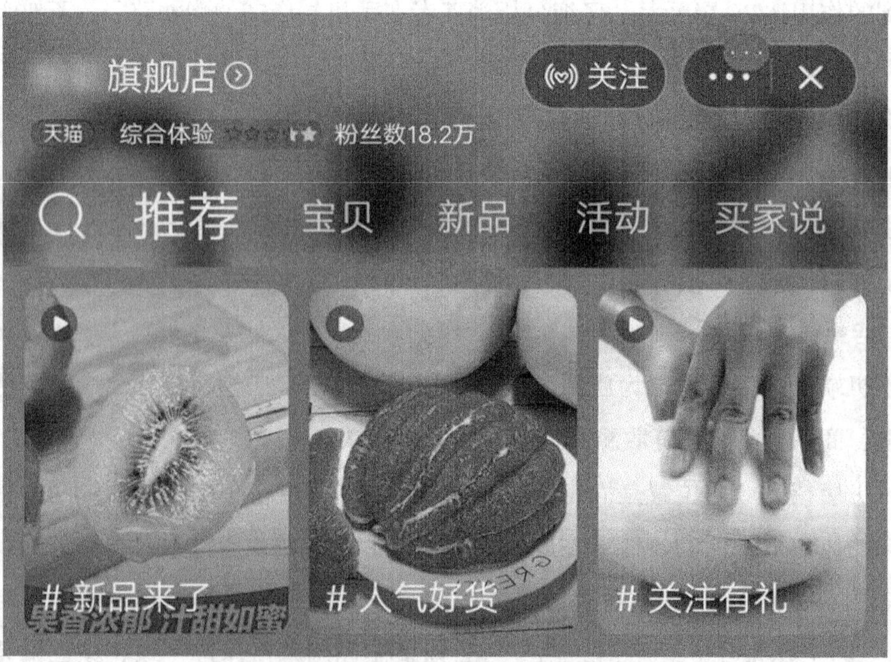

图6-20 店招区域下方添加推荐短视频示例

图6-21　店招区域下方添加推荐直播链接示例

2.海报设计

轮播海报中可以包含店铺上新活动通知、促销活动展示等内容。轮播图片要简洁、文字要清晰，排版主次分明且能达到快速传播的目的。

海报是店内促销活动和主打产品的最佳展示位置，能够给进入店内的消费者以直接的感官刺激。在手机端首页可以添加2～4张轮播海报，并设置每张海报的链接功能，支持动态切换，即可很好地引导消费者进入不同的活动页面。

轮播海报的设计应该根据网店的促销活动类型进行设置。一般包括三种类型：以提高客单价为目的的海报，以增加消费者黏性为目的的海报及以宣传店铺上新活动为目的的海报。

以提高客单价为目的的海报设计，应在海报内突出呈现满减、满送活动的促销优惠力度，如图6-22所示，采用金黄色色块突出显示“全场满99立减5元”活动文案；或者在海报图片中突出呈现多件折扣的优惠信息，如采用“3件8折”“5件7折”的方式引导消费者以搭配套餐的形式一次性购买多件商品或者成套商品。

扫码可见
高清彩色图片

图6–22　提高客单价海报设计示例

以增加消费者黏性为目的的海报设计，可以用限时秒杀活动为主题，提前预告活动时间，引导消费者收藏、加购、预付订金等，还可以通过海报预告老客户的专享优惠、会员礼品和抽奖等活动，这类海报设计中可以应用大字体、变形艺术字和明快的颜色进行突出，商品图片作为辅助，如图6–23所示。

图6–23　增加消费者黏性海报设计示例

以宣传店铺上新活动为目的的海报，新品预告和新品展示是这类海报的目的所在，因此在设计中应烘托出活跃、新鲜的气氛，在海报内呈现主推的商品图片，不宜过多，尽量让消费者在十几秒内就能看懂促销活动的内容，如图6–24所示。

图6–24　宣传店铺上新活动海报设计示例

3.优惠券设计

相比于PC端，优惠券在手机端更有冲击力，也更有利于消费者形成转化。优惠券的图片通常以醒目的字体和颜色进行标识，并标清优惠券的金额和使用门槛，通常优惠券的位置在整体店铺首页的中上方区域，这样能让消费者能尽早看到。

良好的优惠券设计可以让到店的消费者感受到大促氛围、提升转化率。可以采用多图模块、左文右图等模块，细化活动分类。如图6–25所示，在优惠券上添加“领券”“立即分享”按钮之类的视觉元素，可以在一定程度上引导消费者的点击行为，有利于引导消费者参与优惠活动。

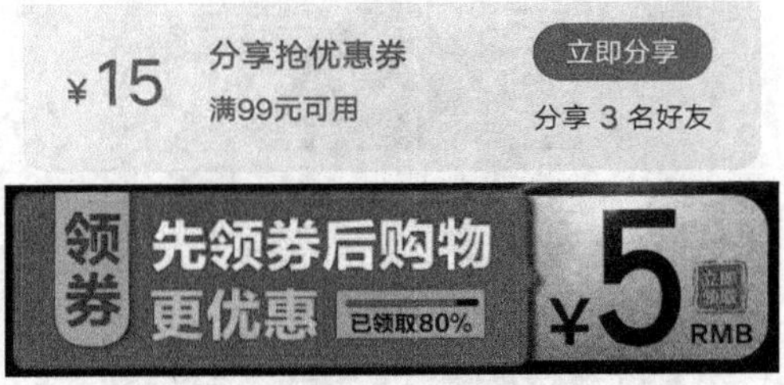

图6–25　优惠券设计示例

4. 商品区域设计

商品区域主要分为促销信息、商品分类和商品展示等诸多模块。商品区域是个性化设计中灵活性较高的区域，可以根据店铺需求自由设置。

（1）促销信息。由于轮播海报区域放置的海报数量有限，因此其他店铺活动和促销信息可以通过商品区域进行自定义设置。促销信息应该合理分布在商品展示和商品分类之间，如图6–26所示，可以通过自定义模块，根据促销需求设置展示模块大小、图片尺寸和商品链接，引导消费者进入不同的活动页面，进而对首页流量进行分流，进一步促进转化。

图6–26　自定义模块分流示例

（2）商品分类。宝贝分类页面是系统自动生成的文字链接形式，而手机端商品区域的商品分类是支持自定义设计的。可以通过放置商品分类的图片，链接到相应的商品类别页面，进而引导消费者进入不同的商品类别页，便于消费者快速找到目标商品。商品分类图片要做到分类图片的风格和色调的一致，不要出现色彩的跳跃。如图6–27所示，分类图片可以是文字的形式也可以是图片的形式，其目的在于

图6–27　首页商品分类引导示例

分类引导。其可以利用人们的视觉惯性，通过图形、面积、色彩三元素，将店铺想要导入更多分类的类目突出展现。

（3）商品展示。商品展示是在店铺的中下方区域，向进入店铺中的消费者展示出店铺的推荐商品或者上架商品，如图6–28所示，左侧是店铺的主推商品展示，多设计为一行单个商品进行展示，右侧是店铺的其他商品展示，多设计为一行多个商品的形式进行展示。

在商品首页中对主推商品的展示，需要在原商品的主图基础上进行再次设计，添加必要的促销信息，以更好地达到引导转化的效果。一般商品展示图片内要包含商品图片、简短商品标题、商品卖点等元素，如低价促销商品，可以将商品价格或者优惠活动文案突出进行展示；如生鲜商品可以添加“现摘现发”的文案，给消费者一种即买即食的新鲜感。除此之外，还可以在商品图片上添加“首单立减”“分享赢免单”等活动文案，营造首页活动氛围。

图6–28　商品展示页示例1

除了以上常见的商品图片展示形式，店铺运营人员还可以自主设计多种展示形式，如图6–29所示的左图采用商品细节图和商品促销海报图组合进行展示，右图采用短视频和商品细节图进行组合展示。

图6–29　商品展示页示例2

5.**菜单设计**

手机端店铺首页底端是菜单区域，菜单区域一般由三个主菜单和一个客服功能组成。如图6–30所示，主菜单中可以根据店铺需求设置成宝贝分类、店铺活动和全部宝贝等内容，底部菜单可以定期更换，但不适合经常变换。主菜单下可设置多个子菜单，一般以设置五个较为合适，过多则会影响消费者的感官体验。

图6–30　店铺菜单区域示例

手机端店铺下方的菜单可以进行自定义设置，比如在中秋节期间，可以将自定义菜单的文案设置为“中秋会场”然后二级菜单可以链接到分类菜单，分类菜单文案采用“应季水果会场”“农特产品会场”等，这样对于买家的吸引力就会更大。

（二）主图设计

在手机端搜索一款商品，或者点开一款商品链接时，首先出现在消费者眼里的内容就是商品主图。商品主图包括了主图图片和主图视频两种形式。在设计商品主图时，主图图片基本尺寸是640px × 640px，在拍摄和设计主图时，要将主体商品清晰呈现在图片的中心位置，将能够促进消费者购买和促进转化的因素进行突出显示，如图6-31所示的商品主图采用了简洁的配色、清新美观，并运用红色色块突出了商品的新鲜程度。

扫码可见
高清彩色图片

图6-31　商品主图示例

在手机端显示屏幕受限制，在内容展示过多的主图中消费者无法细致捕捉商品，因此可以挖掘商品的核心卖点，拍摄主图视频，立体化展现商品的质感，同时也拉近浏览者和商品的距离。如图6-32所示，主图视频时长一般在60秒以内，建议9～30秒，尺寸建议1：1或是16：9，更利于消费者浏览体验。

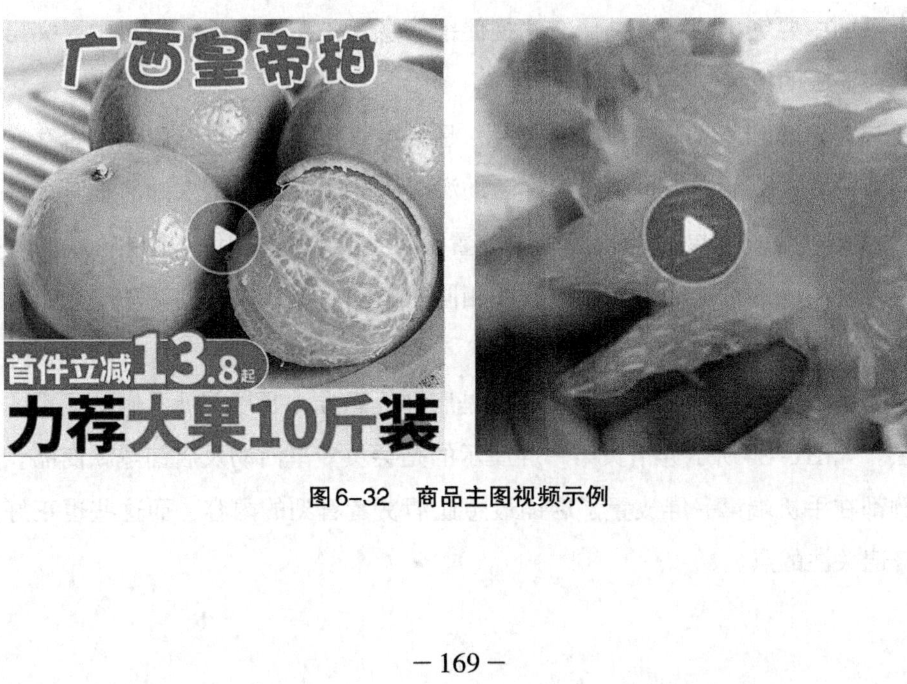

图6-32　商品主图视频示例

（三）详情页设计

商品详情页直接决定了消费者的转化跳失和成交，一般消费者在购买前都要仔细查看详情页，再决定是否购买。在进行手机端店铺详情页的设计时，需要注意描述的逻辑感，将商品受众群体最想看到的信息放置在页面顶端，以此为依据来确定商品详情页信息的先后顺序，最终形成视觉逻辑关系，即通过“介绍商品的特征—商品特点—能给消费者带来的利益点—证明商品质量的证据”这四个步骤逐步打消消费者的购买顾虑，增强其购买信心，最终下单购买。

手机端需在有限的空间里想办法抓住消费者的心，然后促成转化，所以设计不能过于复杂，一定要简单、清晰，突出卖点。在进行商品描述时，文字内容要尽量简短，突出商品的优点、特点和卖点。手机端商品详情页的宽度一般为640px，高度不限，为了方便消费者阅读和理解，并了解所需的商品信息，一般商品详情页的设计都是使用标题栏作为分割，对页面的信息内容进行分模块展示。

详情页主要模块设计要点具体如下。

1.详情页首屏

详情页首屏需要有一个占比较大的模块作为主体，无论是产品、模特还是文字，都需要在第一时间抓住消费者眼球。由于手机端的版面较小，因此，在店铺打开首屏的时候就需要尽量完整地显示信息，不要出现信息显示残缺，以免影响消费者继续向下滑动浏览剩下的内容。在设计详情页首屏的时候还要注意分清主次，确定这个页面中要突出的重点是什么，是促销信息还是主推商品，应把主要突出的信息展示在显眼的位置。

通常，大部分消费者进到店铺之后，是不会直接进入首页看店铺是否存在活动的，因此需要在商品详情页中设置好活动海报，便于消费者进入详情页直观地了解近期的活动内容。如果活动较多，则放置活动力度较大或活动规模较大的海报即可。通常在店铺的首页和详情页中放置相同的活动海报，以达到活动曝光最大化的效果。

如图6-33所示详情页第一屏展示的是店铺优惠券，紧接着展示店铺应季的主题商品区。如图6-34所示详情页第一屏展示的是会员专享活动及店铺爆款商品。这两个样例都在手机端第一屏放置了店铺最想让消费者看到的内容，而这些也正好是消费者普遍关注的点。

图6-33　详情页第一屏示例1

图6-34　详情页第一屏示例2

2. **关联销售位置**

在活动海报图下方设置关联营销，给消费者提供更多的产品选择，关联销售的产品需要和详情页的这款产品本身具有关联性。如图6-35所示，此款产品是广西武

图6-35　详情页关联销售示例

鸣皇帝柑，关联推荐的是与皇帝柑相关的水果类商品。这样可以给消费者提供更多的选择，减少跳失率的同时还可以获得消费者购买其他商品的概率，达到提高销售和客单价的作用，一举多得。需要注意的是活动海报和关联销售的内容尽量控制在一到两屏，让消费者浏览的主产品本身的详情页有更多的展示空间和位置。

3. 商品图片展示

商品图片展示是由商品性质和营销策略来决定的，如价格昂贵的商品，品牌影响力大，一般以品牌影响力为主要展示点，以商品卓越的品质、优良的包装为强调板块，而价格便宜的商品则主要强调商品的性价比和销量，加上价格低廉，就会有很好的销量。如图6–36所示，采用皇帝柑的树上实拍图和采摘图片，拉近商品与消费者的距离，增加消费者信任感。

图6–36　皇帝柑树上实拍和采摘

为了进一步加深消费者对商品的了解，需要在对商品进行分析的基础上，挖掘商品的卖点，可以通过整体总结逐条分析展示的方法来完成。如图6–37所示，通过商品细节图加文案的方式多角度展现商品的卖点。

4. 商品信息展示

商品信息展示应做到文字精简清晰、图文重点突出。相较于其他内容而言，此处内容功能性更强。如图6–38所示的“皇帝柑小档案”主要是用来让消费者充分了解产品的

图6–37　商品细节图示例

品种、规格、产地、口感、重量等信息，服装类的商品还需要将不同身高、体重适合的尺码类型进行展示等。此部分内容通常以文字和表格的形式进行展现，也有些卖家会把产品信息提前放入产品的创意海报下，具体位置布局可以根据自己设计的店铺需要而定。

图6–38　商品信息展示页面示例

5. 商品包装展示

商品包装展示图可以为浅色底图片，主要展示产品的所有包装，也包括产品的打包包装等，让消费者能够对自己收到的货物提前有个预期。制作细致的话，可以把包装的尺寸大小标注出来，清晰明了即可，如图6–39所示。

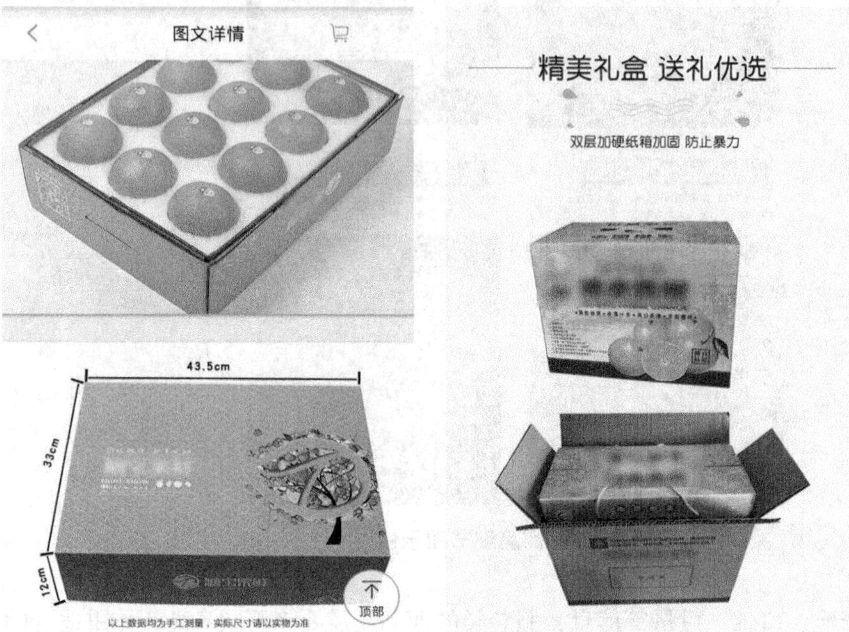

扫码可见
高清彩色图片

图6–39　商品包装展示示例

6. 品牌介绍、品牌资质、厂家实拍图等

如果是大品牌的产品，为了增加产品的可信度，可以在详情页中加入产品的品牌介绍，产品的品牌资质、检测报告实拍图或厂家产品生产实拍图等。对于农产品来说，可以在详情页中加入农产品的安全检测报告，如图6–40所示。

7. 物流信息、购物须知及售后说明

此部分内容主要展示物流内容，具体发什么快递，预计几天到达，包邮范围以及产品退换货流程等。让消费者提前了解购物以后可能产生的问题以及解决办法，避免因为物流和快递问题产生大量差评。

对于生鲜农产品受制于保存时效性，无法做到逆向冷链物流，退货几乎不太可能实现，所以现在生鲜农产品的售后服务，更多是执行赔偿机制，如图6–41所示，在众多生鲜水果详情页中都会有“坏果问题包赔”“重量不足补差”等售后承诺。

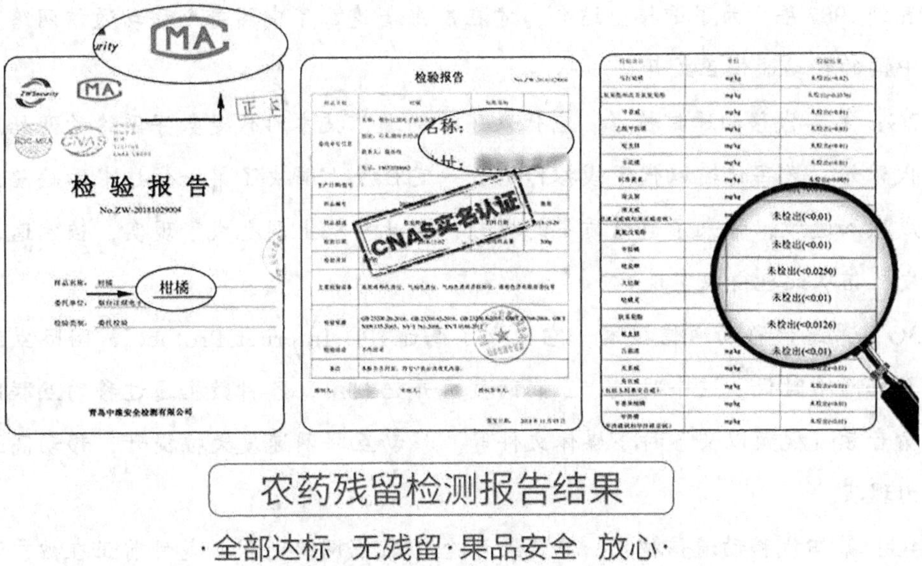

图6-40 农药残留检测报告示例

图6-41 生鲜产品的售后承诺

课程思政

随着无线网络技术、移动通信技术和计算机应用技术的不断发展，移动网络经历了从1G到5G的发展。从第一代到第五代，主要区别在于速率、业务类型、传输时延，以及各种移动通信等采用了不同的技术，遵循不同的通信协议。

1G：第一代移动通信技术。我们俗称的“大哥大”使用的就是第一代移动通信技术，即模拟通信技术，虽然块头很大，它却只能打电话。1G主要系统为AMPS（高级移动电话系统）、NMT（北欧移动电话）以及TACS（全入网通信系统技术）。

中国直到1987年，为了迎接全运会，才在广东省建立了中国首个移动通信网络，标志着中国的移动通信正式开始。

2G：第二代移动通信技术。它代表了移动通信技术时代是数字网络的开始。从这一代开始，数字传输取代了模拟传输，一定程度上解决了第一代技术的缺陷，技术的成熟和进步，带来了通信质量的提升，从此手机上网也成了现实，虽然速度极慢。发短信从此也得以实现。

3G：第三代移动通信技术，它代表了高速IP（Internet Protocol，网际互连协议）数据网络时代。这个时代，互联网技术开始利用，各种数据通过移动互联网高速传输音频、视频以及各种多媒体文件等。移动互联网速度大幅提升，移动高速上网成为现实。

4G：第四代移动通信技术，它代表了全IP数据网络时代，是目前正在被广泛使用的一代，也是革命的一代。4G网络数据传输速度比3G更快，基于高速数据传输的应用越来越多。4G网络目前在世界各国广泛覆盖，终端数量规模庞大。

5G：第五代移动通信技术。国际组织将5G应用场景分为移动互联网和物联网两大类，低时延、低功耗、高可靠的5G通信技术成为这一代技术的目标和期待。基于高速数据传输的AR（Augmented Reality，增强现实）、VR（Virtual Reality，虚拟现实）、物联网等技术的诞生和普及将随着5G的到来高速涌现。

模块二　相关知识

一、移动端视觉设计优化策略

（一）移动端网店首页视觉设计优化策略

（1）风格要与PC端店铺形成统一的整体；

（2）善用自定义页面，在有限的手机屏幕上呈现更多的内容；

（3）移动端首页中前三屏要展现出最重要的内容：店内活动、主推产品、产品分类等；

（4）通过灵活的版面布局对流量进行主动引导再分配；

（5）充分利用自定义菜单进行流量引导。

（二）移动端商品主图视觉设计优化策略

（1）多张商品主图尽量保持色系统一；

（2）一张图片只反映一方面内容，不要将多张图拼在一起；

（3）避免使用“牛皮癣”；

（4）商品主图要清晰，避免模糊；

（5）图片构成元素要少；

（6）放大产品在图片中的占比；

（7）增加主图视频，立体展示商品。

（三）移动端详情页视觉设计优化策略

（1）移动端不是PC端的直接缩放，移动端页面需要重新优化设计；

（2）移动端每一屏的内容需要有一个比较明显的分割形式，比如用大标题或数字进行区分；

（3）移动端的文字最小也需要PC端最小字号的150%（1080px宽需要200%以上）；

（4）移动端更适合上下屏的分割；

（5）移动端页面排版应符合消费者阅读习惯，一般更适合左对齐的排版方式。

二、移动端商品详情页视觉设计的FABE原则

在进行移动端店铺详情页的设计时，需要注意视觉展现的逻辑，而这个逻辑关系可以参照FABE原则所体现的逻辑顺序。FABE是一种通过四个关键环节来解答消费者诉求，且巧妙处理好消费者关心的问题，从而顺利实现商品销售诉求的销售模式，具体表现为以下四个方面。

1.Features（**特征**）

指功能、外观、构成、耐久性、经济性、设计、价格等商品的属性。介绍商品的特质、特性等基本功能以及它是如何满足消费者需求的。

2.Advantages（**优点**）

指该商品特性相对于其他商品的优势。介绍商品的卖点与优势，向消费者证明商品的卖点，其实就是给消费者提供更多地购买该商品的理由。

3.Benefits（好处）

指能给顾客带来的利益。以消费者利益为中心，告知并强调消费者购买商品后可以获得怎样的便利或该商品能解决某种问题，激发消费者的购买欲望。

4.Evidence（证据）

指第三者的例证，如演示、样品、统计资料、销售报表、销售工具、顾客的意见等证物。通过第三方认知、新闻舆论或技术报告等信息，要有足够的权威性、客观性、可靠性与可见证性，这样才能获得消费者的信任。

同步实训

一、实训概述

本项目实训为移动视觉设计，学生通过本项目学习，能够使用色彩搭配、产品主图、图文版式、产品详情页的视觉设计与优化完善店铺架构，提升店铺移动端的视觉效果，即能够掌握移动端视觉营销设计的技巧。

二、实训背景

实训开始前，学生首先应了解以下实训背景，并以小组为单位展开实训操作。

中国沃柑看广西，广西沃柑看武鸣（武鸣沃柑如图6-42所示），目前武鸣区种植沃柑约30.8万亩（约205.3平方千米），种植面积在全国数一数二。2019年年底，南宁市武鸣区沃柑产业联合会申请的地理性标志商标获准注册，地理性标志商标的获准注册让武鸣沃柑更具有地域性代表，武鸣沃柑让很多的中国人知道了有一种水果叫沃柑。沃柑是一个晚熟杂交柑橘品种，果肉饱满、细嫩化渣、多汁味甜、营养丰富。沃柑成熟期在每年12月到翌年4月，在12月有少量上市，上市高峰期在2—3月且该时间沃柑口感较好。为了推广宣传当地的武鸣沃柑，某网店决定将武鸣沃柑作为2022年第一季度主打新品进行上架推广，在产品上架前期需要对产品进行视觉设计，请同学们以该网店的视觉设计人员的身份，参与并完成此商品的移动端视觉设计任务。

图6–42　武鸣沃柑

三、实训任务

通过对实训背景的解读，请同学们根据本项目所学内容，以小组合作的形式完成如下实训任务。

1.完成对“武鸣沃柑”的主图设计；

2.完成对“武鸣沃柑”的首页活动海报设计；

3.完成对“武鸣沃柑”的详情页设计。

四、实训步骤

学生可参考如下步骤完成实训任务。

步骤1：分析“武鸣沃柑”产品特点，挖掘其卖点；

步骤2：查找并学习淘宝、天猫等电商平台上关于“武鸣沃柑”的商品主图、首页活动海报及详情页设计的页面；

步骤3：确定“武鸣沃柑”的主图设计思路，并完成主图设计；

步骤4：策划首页活动海报的展现内容，并完成首页活动海报设计；

步骤5：确定“武鸣沃柑”的详情页视觉描述逻辑，并完成详情页设计。

参考文献

［1］谭静，视觉营销与运营实战从入门到精通［M］. 北京：人民邮电出版社，2019.

［2］段建，张瀛，张磊. 网店美工［M］.2版. 北京：人民邮电出版社，2018.

［3］代丽丽，张伟华. 网店视觉营销与设计［M］. 北京：中国财富出版社，2019.

［4］花瓣网：https：//huaban.com.

［5］包图网：https：//ibaotu.com.

［6］优设网：https：//www.uisdc.com.

如何玩转视觉营销？

高清彩图

感受本书案例带来的视觉冲击

案例分析

视觉营销成功的关键因素是什么？

营销课程

如何从广告小白成长为营销大咖？

★还有：读书笔记 | 学习社群

微信扫码
获取专属资源